241 labyrinthes

David E. McAdams

Copyright © 2025 David E. McAdams. Tous droits réservés.

Autres livres de David E. McAdams

Couleurs:

Couleurs de perroquets – Une introduction au concept de couleurs. Pour les enfants d'âge préscolaire.

Couleurs de fleurs - Une introduction au concept de couleurs. Pour les enfants d'âge préscolaire.

Couleurs du cosmos - Une introduction au concept de couleurs. Pour les enfants d'âge préscolaire.

Apprendre les nombres: Les Saisons d'Anna – Amuse-toi à apprendre les chiffres de 1 à 9 avec Anna pendant ses balades à travers les saisons, pour les enfants de 2 à 7 ans !

Arithmétique:

Nombres – Un livre parfait pour débuter et découvrir le monde des nombres tout en s'amusant ! Recommandé pour les enfants de 5 à 7 ans.

Géométrie:

Formes – Une introduction aux formes. Pour les enfants d'âge préscolaire.

Patrons géométriques - Livre de projets (80 nets) – 80 filets géométriques à copier, découper et coller ensemble en polyèdres tridimensionnels. A partir de 9 ans.

Théorie:

Qu'est-ce qui est plus grand que tout ? (L'infini) – Une exploration fascinante du concept d'infini pour les esprits curieux de 6 à 8 ans.

Ensembles de balançoires (Théorie des ensembles) – Une introduction complète à la théorie des ensembles, conçue spécialement pour les élèves de 7 à 10 ans.

Leçons de vie:

Si j'avais un monstre – Une histoire charmante où des monstres représentent les personnes importantes dans la vie d'un enfant. Un plaisir pour tous les âges.

Casse-têtes:

Mes fractales préférées (tomes 1, 2) - Livres d'images de fractales merveilleuses présentées sous forme d'images haute résolution. Pour tous les âges.

Pour les passionnés de mathématiques:

Le premier million de chiffres de Pi – Le premier million de chiffres de pi. Pour tous les âges.

Le premier million de chiffres de e - Le premier million de chiffres de la constante d'Euler e. Pour tous les âges.

Le premier million de chiffres de la racine carrée de 2 - Le premier million de chiffres de la racine carrée de 2. Pour tous les âges.

Les cent mille premiers nombres premiers – Les cent mille premiers nombres premiers. Pour tous les âges.

Pour une liste à jour des livres, visitez
https://lifeisastoryproblem.tripod.com/aauthor/french.html.

Table des matières

Comment résoudre un labyrinthe : guide pratique..1
   La règle du mur (main droite ou main gauche)..1
   Regarder devant et planifier..1
   Repartir depuis la sortie..1
   Tracer au crayon (pour les labyrinthes sur papier)..2
   Laisser des "miettes de pain" (labyrinthes réels)..2
   Remplissage des impasses (méthode algorithmique)..2
   Faire une carte (pour les labyrinthes complexes)..2
   Conseils bonus..3
9×12 Labyrinthes carrés faciles..4
12×15 Labyrinthes carrés faciles..9
12×15 Labyrinthes carrés moyens..14
20×24 Labyrinthes carrés moyens..19
20×24 Labyrinthes carrés difficiles..24
30×37 Labyrinthes carrés difficiles..29
9×12 Labyrinthes triangulaires faciles...34
12×15 Labyrinthes triangulaires faciles...39
12×15 Labyrinthes triangulaires moyens...44
20×24 Labyrinthes triangulaires moyens...49
20×24 Labyrinthes triangulaires difficiles...54
30×37 Labyrinthes triangulaires difficiles...59
12×19 Labyrinthes hexagonaux faciles..64
15×23 Labyrinthes hexagonaux faciles..69
15×23 Labyrinthes hexagonaux moyens..74
24×39 Labyrinthes hexagonaux moyens..79
24×39 Labyrinthes hexagonaux difficiles..84
37×59 Labyrinthes hexagonaux difficiles..89
9×12 Labyrinthes en losange faciles..94
12×15 Labyrinthes en losange faciles..99
12×15 Labyrinthes en losange moyens..104
20×24 Labyrinthes en losange moyens..109
20×24 Labyrinthes en losange difficiles..114
30×37 Labyrinthes en losange difficiles..119
9×12 Labyrinthes en carré adouci faciles..124
12×15 Labyrinthes en carré adouci faciles..129
12×15 Labyrinthes en carré adouci moyens..134

20×24 Labyrinthes en carré adouci moyens	139
20×24 Labyrinthes en carré adouci difficiles	144
30×37 Labyrinthes en carré adouci difficiles	149
9×12 Labyrinthes en carré adouci 2 faciles	154
9×12 Labyrinthes du pavage du Caire faciles	159
12×15 Labyrinthes du pavage du Caire faciles	164
13×16 Labyrinthes du pavage du Caire faciles	169
13×15 Labyrinthes du pavage du Caire moyens	174
20×24 Labyrinthes du pavage du Caire moyens	179
20×24 Labyrinthes du pavage du Caire difficiles	184
30×37 Labyrinthes du pavage du Caire difficiles	189
20×20 Labyrinthes circulaires difficiles	194
25×25 Labyrinthes circulaires difficiles	199
30×30 Labyrinthes circulaires difficiles	204
35×35 Labyrinthes circulaires difficiles	209
9×12 Labyrinthes carrés-triangles faciles	215
12×15 Labyrinthes carrés-triangles faciles	220
12×15 Labyrinthes carrés-triangles moyens	225
20×24 Labyrinthes carrés-triangles moyens	230
20×24 Labyrinthes carrés-triangles difficiles	235
30×37 Labyrinthes carrés-triangles difficiles	240
Solutions	245

Comment résoudre un labyrinthe : guide pratique

Les labyrinthes sont des puzzles faits de chemins… et d'impasses. Que tu joues sur papier, que tu te perdes dans une haie, ou que tu explores un labyrinthe numérique, l'objectif est le même : **aller de l'entrée jusqu'à la sortie**. Voici plusieurs méthodes efficaces :

La règle du mur (main droite ou main gauche)

Comment ça marche :

- Pose une main (droite ou gauche) sur un mur à l'entrée.
- Garde toujours cette main en contact avec le mur en avançant.
- Suis le mur et tourne quand le mur tourne.

Quand l'utiliser :

- Idéal dans les labyrinthes « simples » (sans zones isolées).
- Moins efficace s'il y a des « îles » ou des murs non reliés aux murs extérieurs.
  Avantages : Facile à suivre, pas besoin de mémoire ni de carte.
  Inconvénients : Peut être long si le bon chemin est loin du mur extérieur.

Regarder devant et planifier

Comment ça marche :

- Avant d'avancer, observe pour repérer les impasses et les chemins plus courts.
- Utilise les indices visuels pour deviner si un chemin boucle ou avance.

Quand l'utiliser :

Parfait pour les labyrinthes sur papier ou bien visibles. **Avantages :** Évite les retours en arrière, fait gagner du temps.
Inconvénients : Demande de l'attention… et parfois des essais.

Repartir depuis la sortie

Comment ça marche :

- Commence côté sortie et trace le chemin **à l'envers** vers l'entrée.
- Cela peut rendre le bon chemin plus évident.

Quand l'utiliser :

- Possible seulement si tu vois tout le labyrinthe.
  Avantages : Il y a parfois moins d'options côté sortie, donc c'est plus simple.
  Inconvénients : Pas toujours autorisé ou possible dans un labyrinthe réel.

Tracer au crayon (pour les labyrinthes sur papier)

Comment ça marche :

- Trace ton chemin **très légèrement** au crayon pour pouvoir gommer.
- Marque les impasses pour ne pas y revenir.
Quand l'utiliser :
- Super pour les labyrinthes imprimés ou dessinés.
Avantages : Aide à mémoriser ce que tu as déjà testé.
Inconvénients : Demande de la patience et de la concentration.

Laisser des "miettes de pain" (labyrinthes réels)

Comment ça marche :

- Pose un petit repère (pièce, caillou) aux croisements.
- Indique les chemins déjà essayés pour éviter de tourner en rond.
Quand l'utiliser :
- Pour les expériences réelles : champs de maïs, escape games, etc.
Avantages : Évite de repasser par les mêmes endroits.
Inconvénients : Pas toujours autorisé ni pratique.

Remplissage des impasses (méthode algorithmique)

Comment ça marche :

- Repère et marque toutes les impasses.
- Remonte progressivement en **éliminant** les chemins qui ne mènent nulle part.
Quand l'utiliser :
- Sur papier ou écran, quand tu vois tout le plan.
Avantages : Permet d'isoler à coup sûr le bon chemin.
Inconvénients : Long pour les très grands labyrinthes.

Faire une carte (pour les labyrinthes complexes)

Comment ça marche :

- Dessine une petite carte des chemins explorés.
- Note les embranchements, les boucles et les intersections.
Quand l'utiliser :
- Dans les labyrinthes avec beaucoup de boucles, ou si tu joues sur plusieurs sessions.

Avantages : Garde une trace fiable ; très efficace.
Inconvénients : Prend du temps et un peu d'organisation.

Conseils bonus

- **Reste zen :** Se perdre fait partie du jeu !
- **Repères visuels :** Dans la vraie vie, observe les détails uniques (une statue, un arbre spécial…).
- **Note tes choix :** Retenue gauche/droite dans ta tête… ou sur un papier.
- **Sais ce que tu cherches :** Le but, c'est le centre ? une sortie ? un objet caché ?

9×12 Labyrinthes carrés faciles

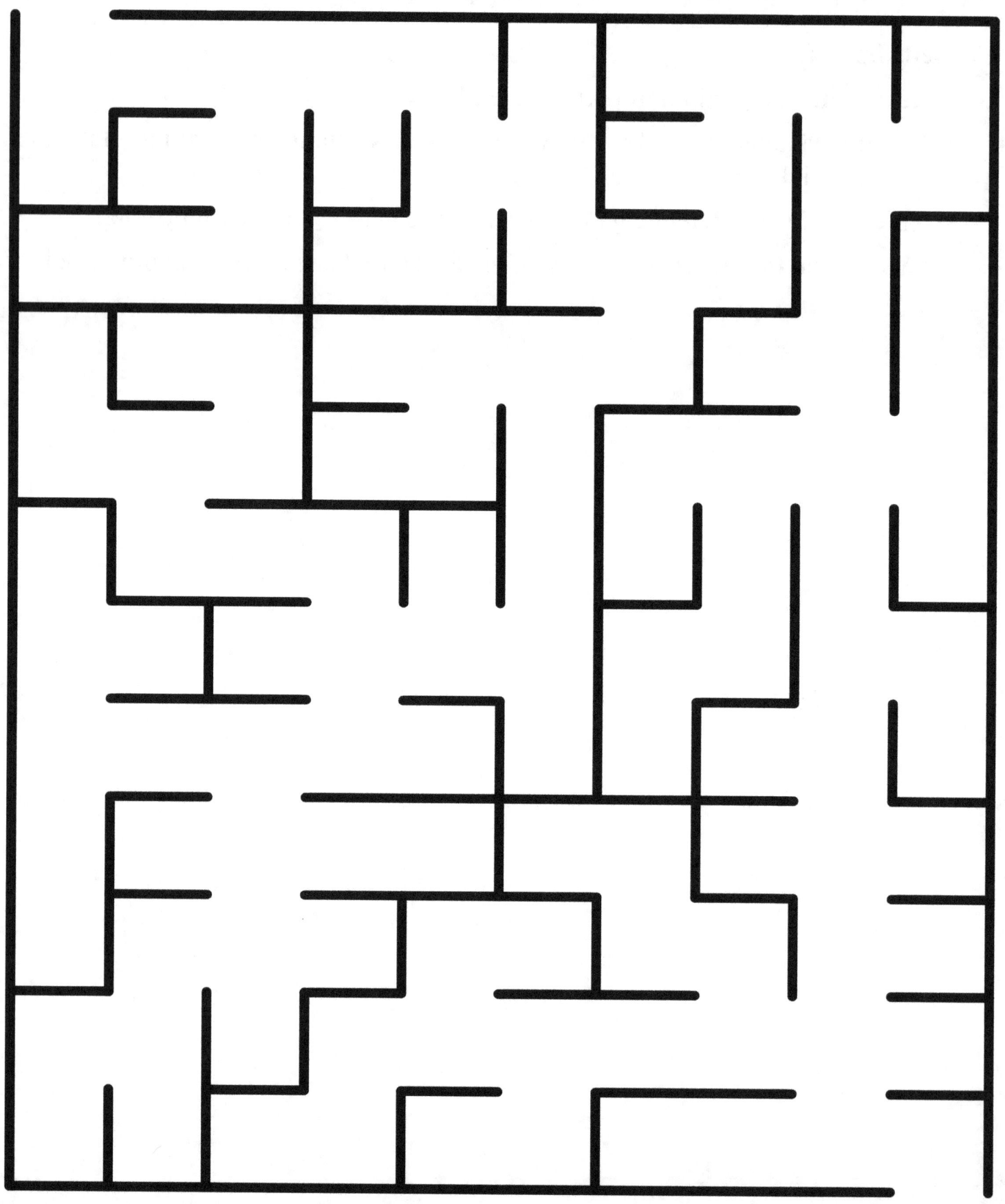

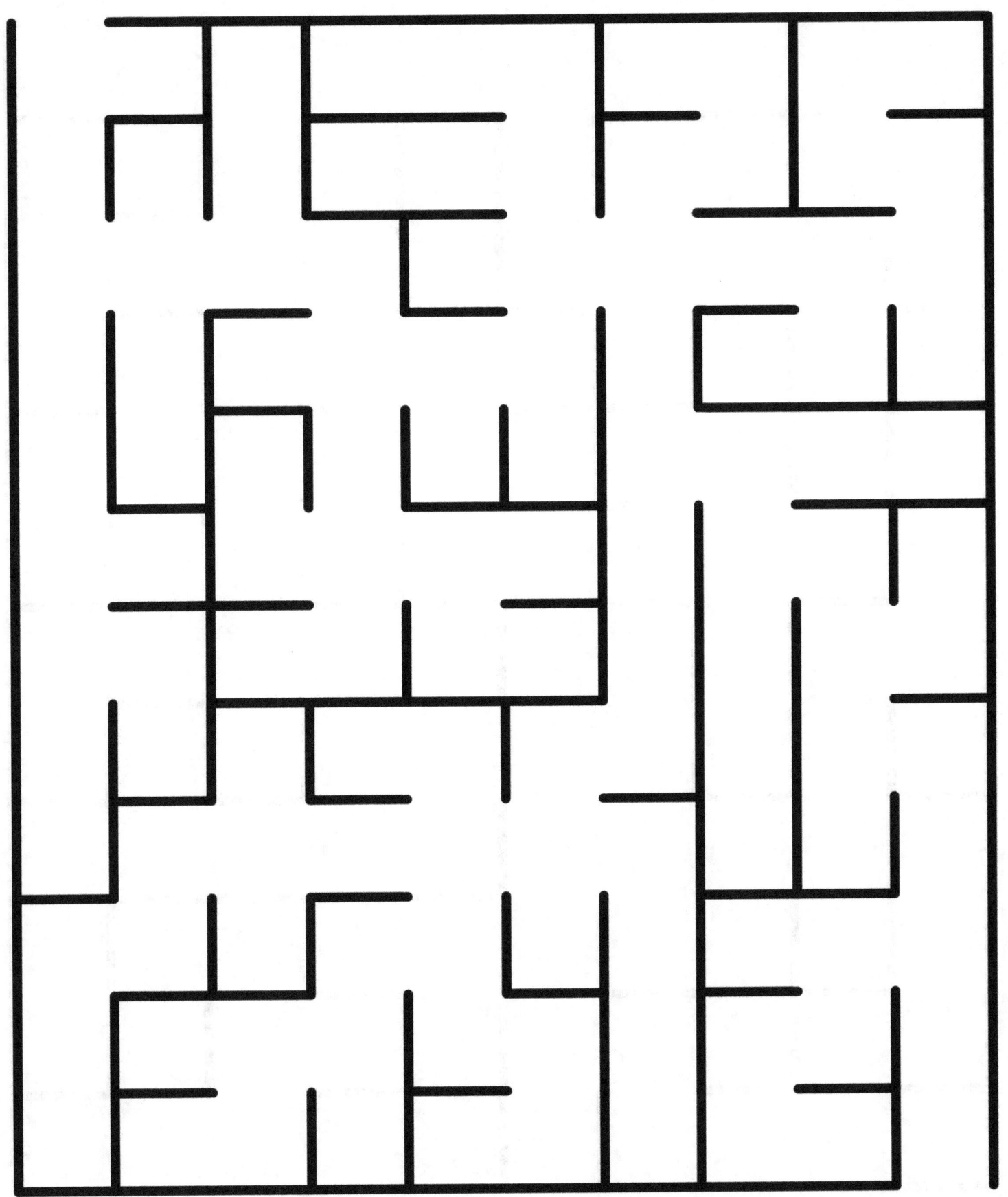

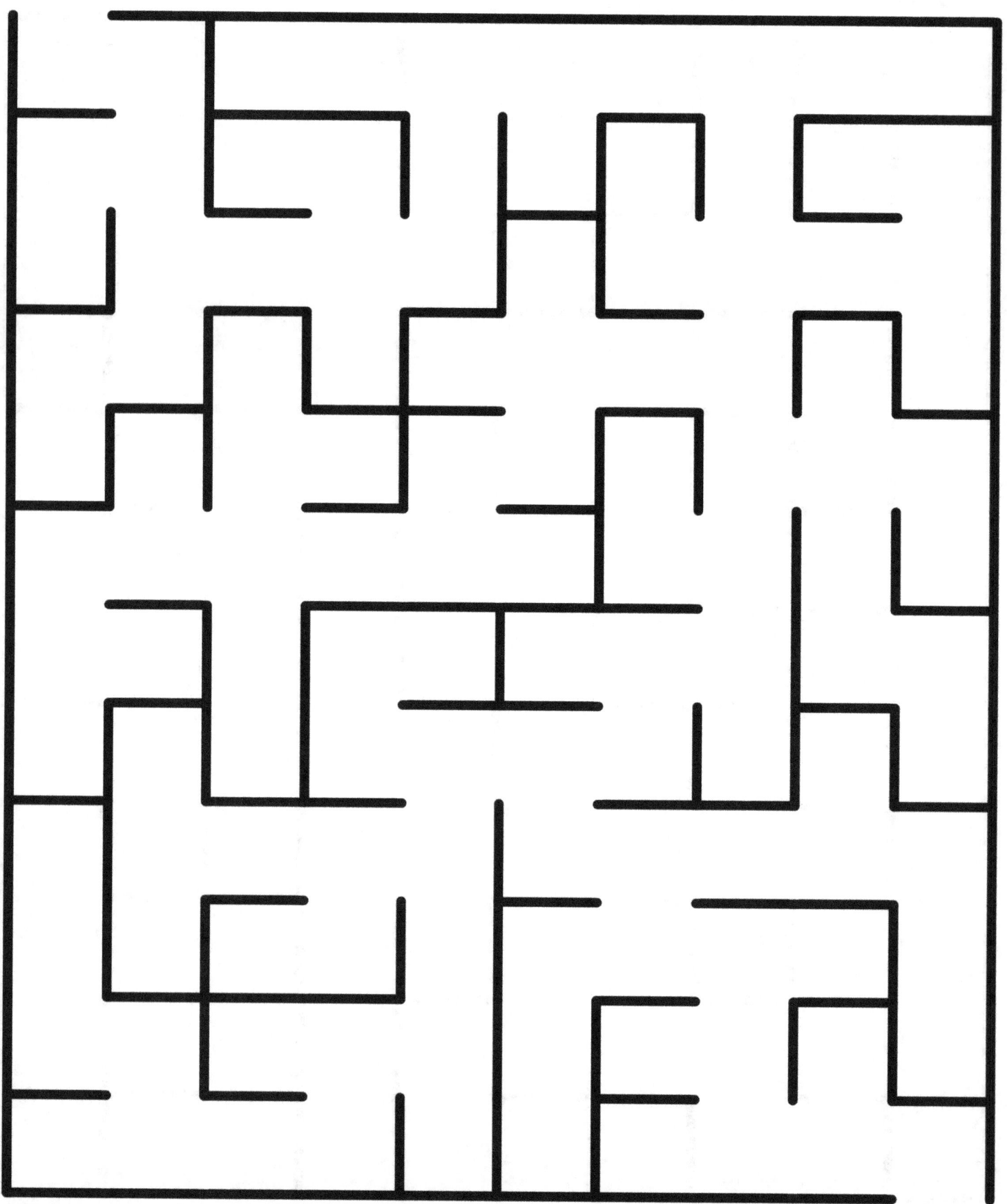

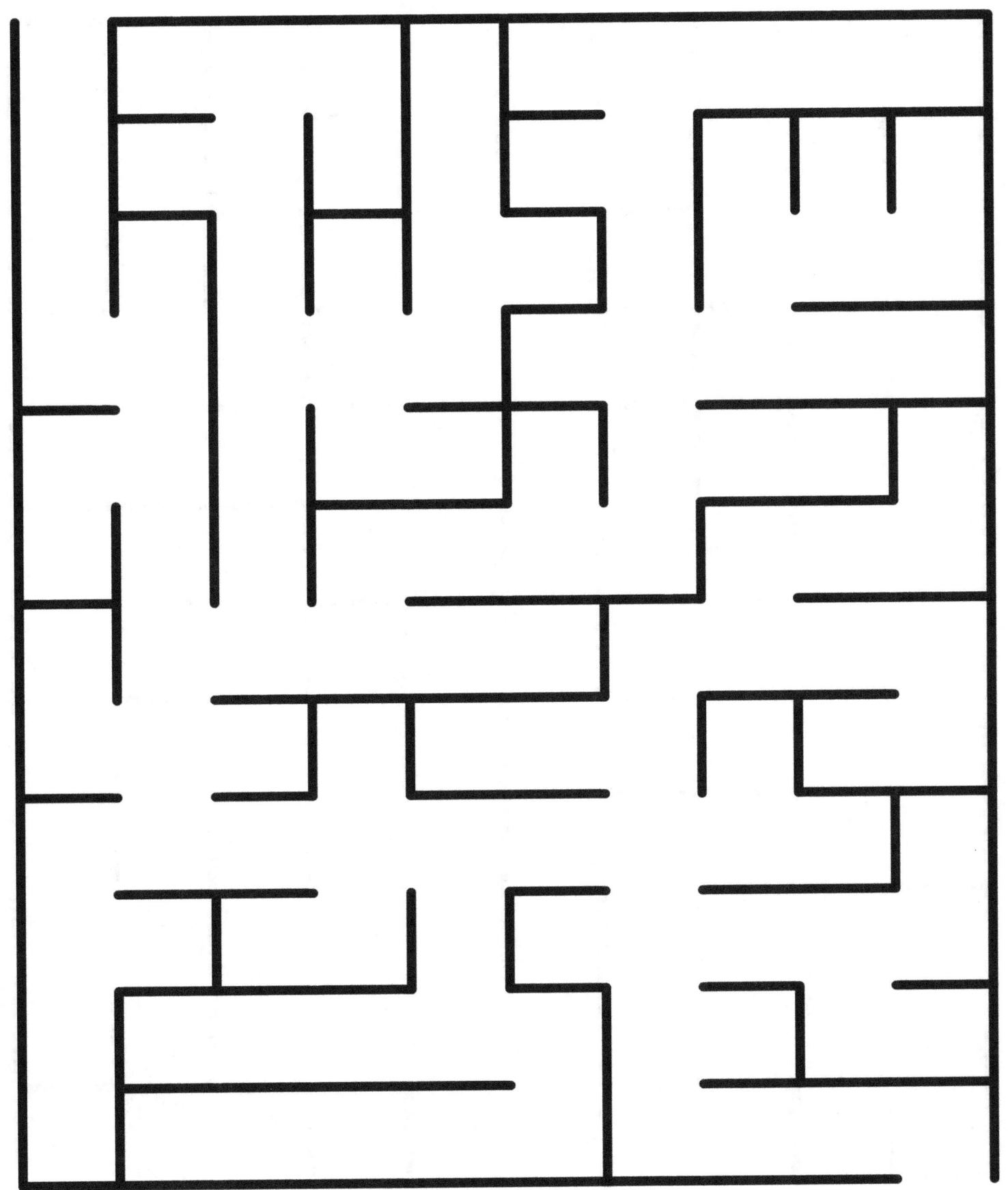

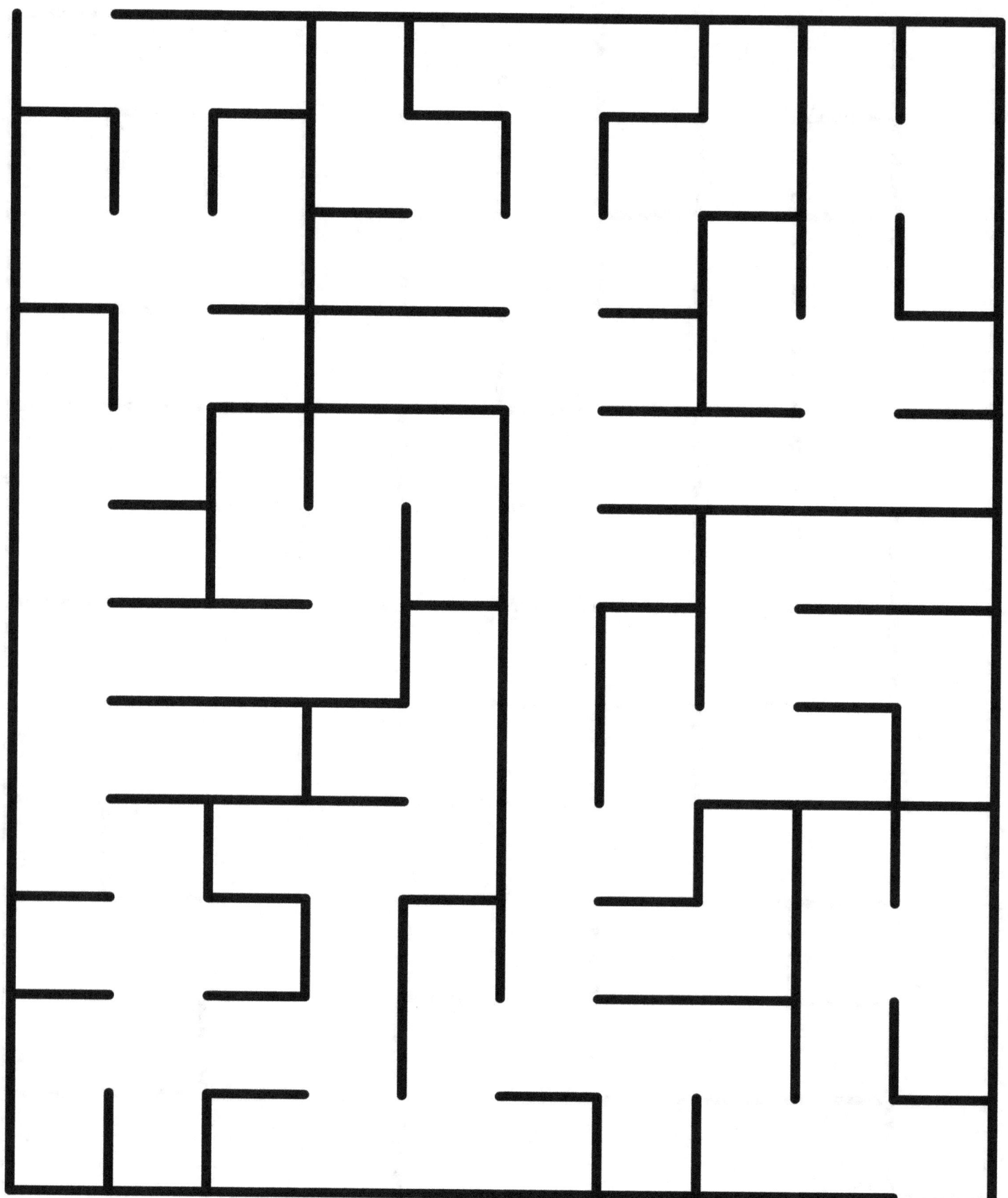

12×15 Labyrinthes carrés faciles

12×15 Labyrinthes carrés moyens

20×24 Labyrinthes carrés moyens

20×24 Labyrinthes carrés difficiles

30×37 Labyrinthes carrés difficiles

9×12 Labyrinthes triangulaires faciles

12×15 Labyrinthes triangulaires faciles

12×15 Labyrinthes triangulaires moyens

20×24 Labyrinthes triangulaires moyens

20×24 Labyrinthes triangulaires difficiles

30×37 Labyrinthes triangulaires difficiles

12×19 Labyrinthes hexagonaux faciles

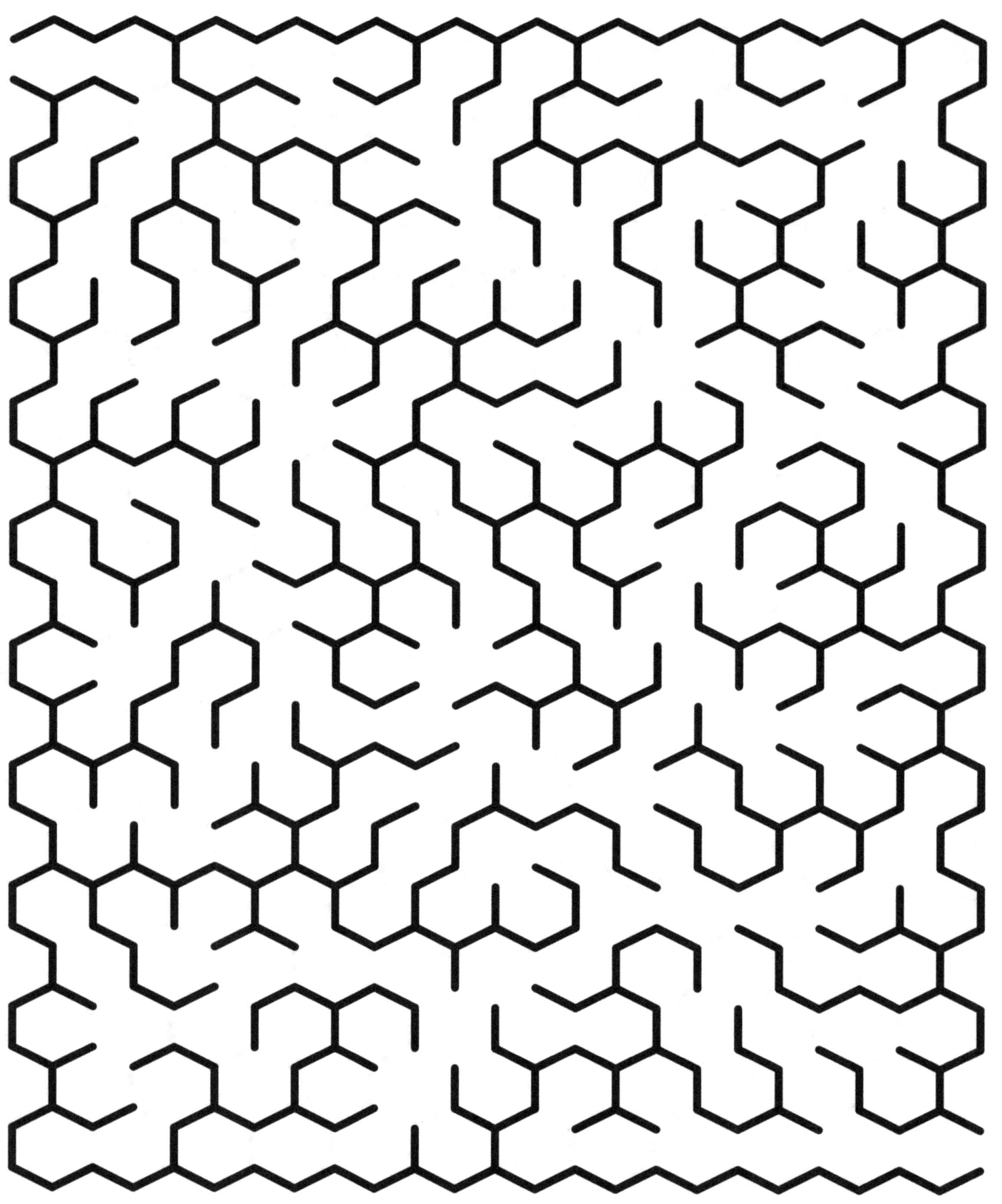

15×23 Labyrinthes hexagonaux faciles

15×23 Labyrinthes hexagonaux moyens

24×39 Labyrinthes hexagonaux moyens

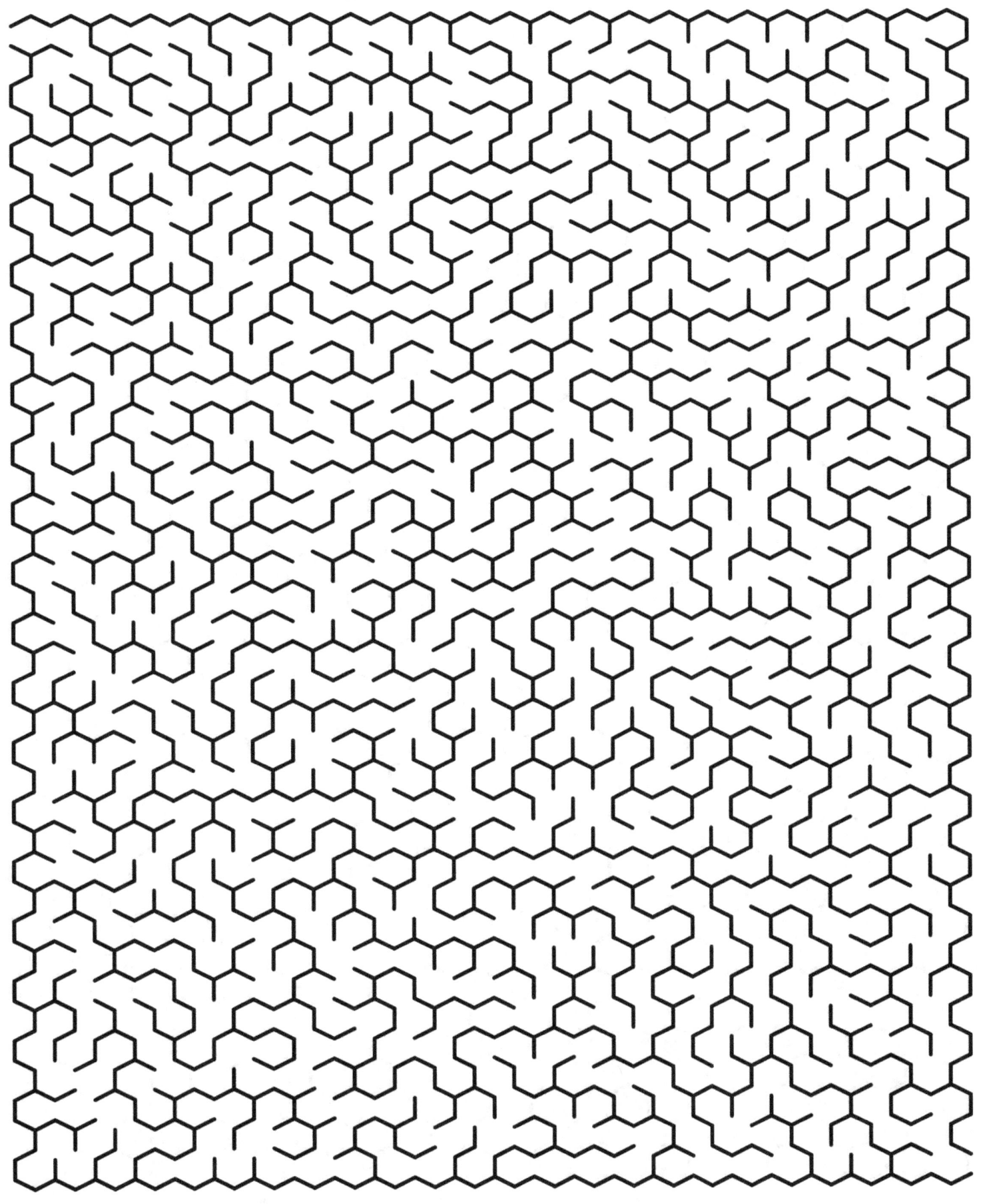

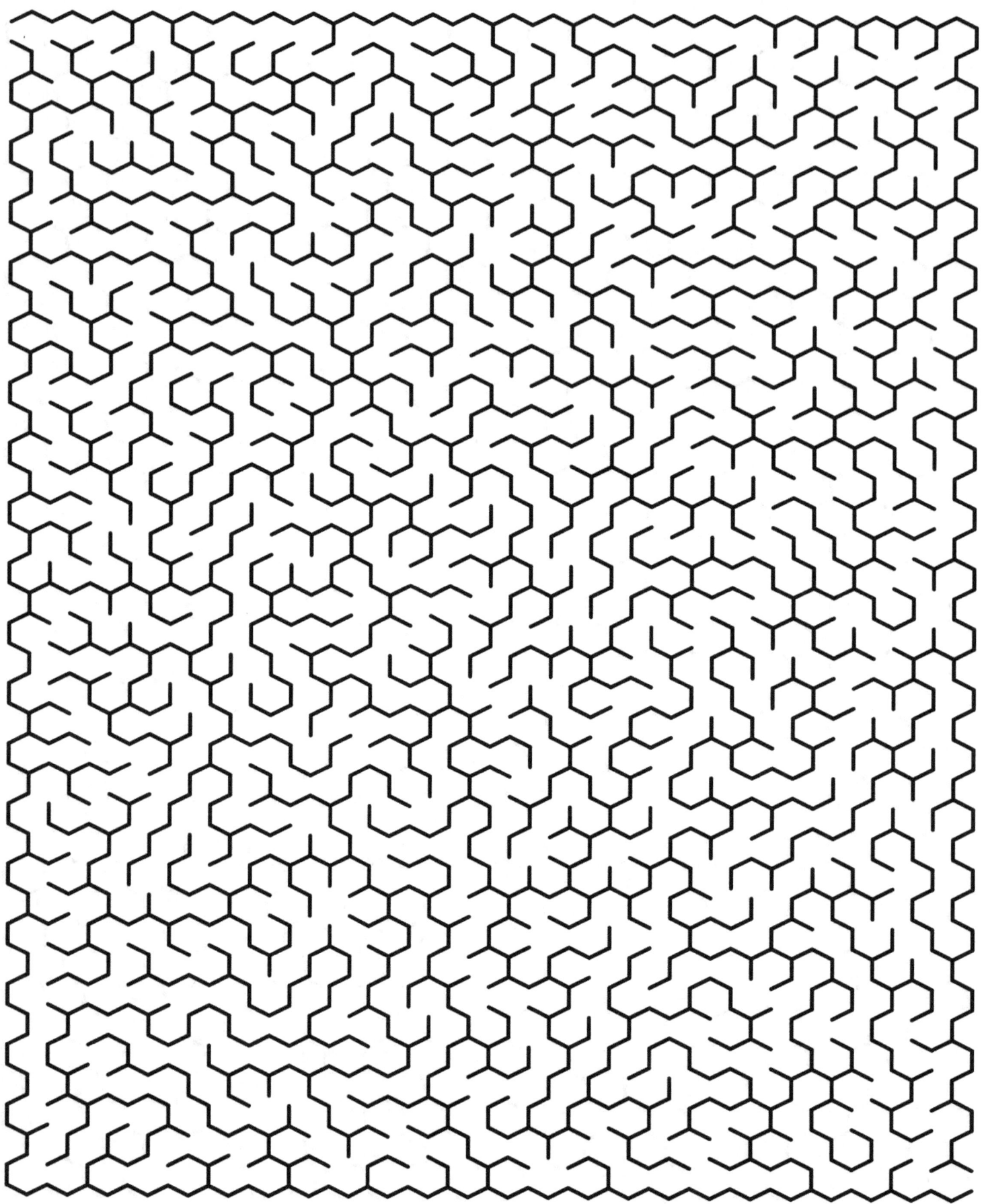

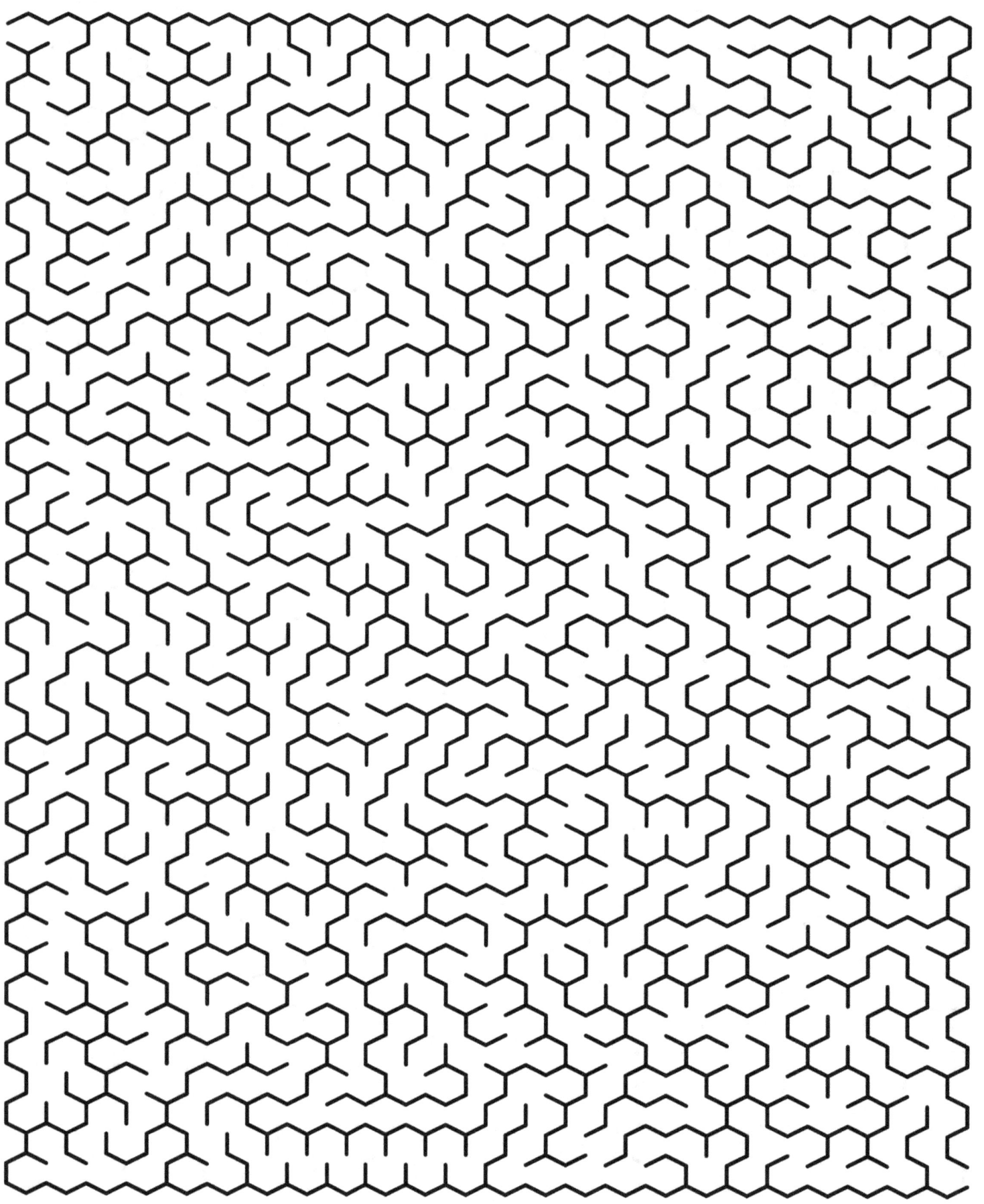

24×39 Labyrinthes hexagonaux difficiles

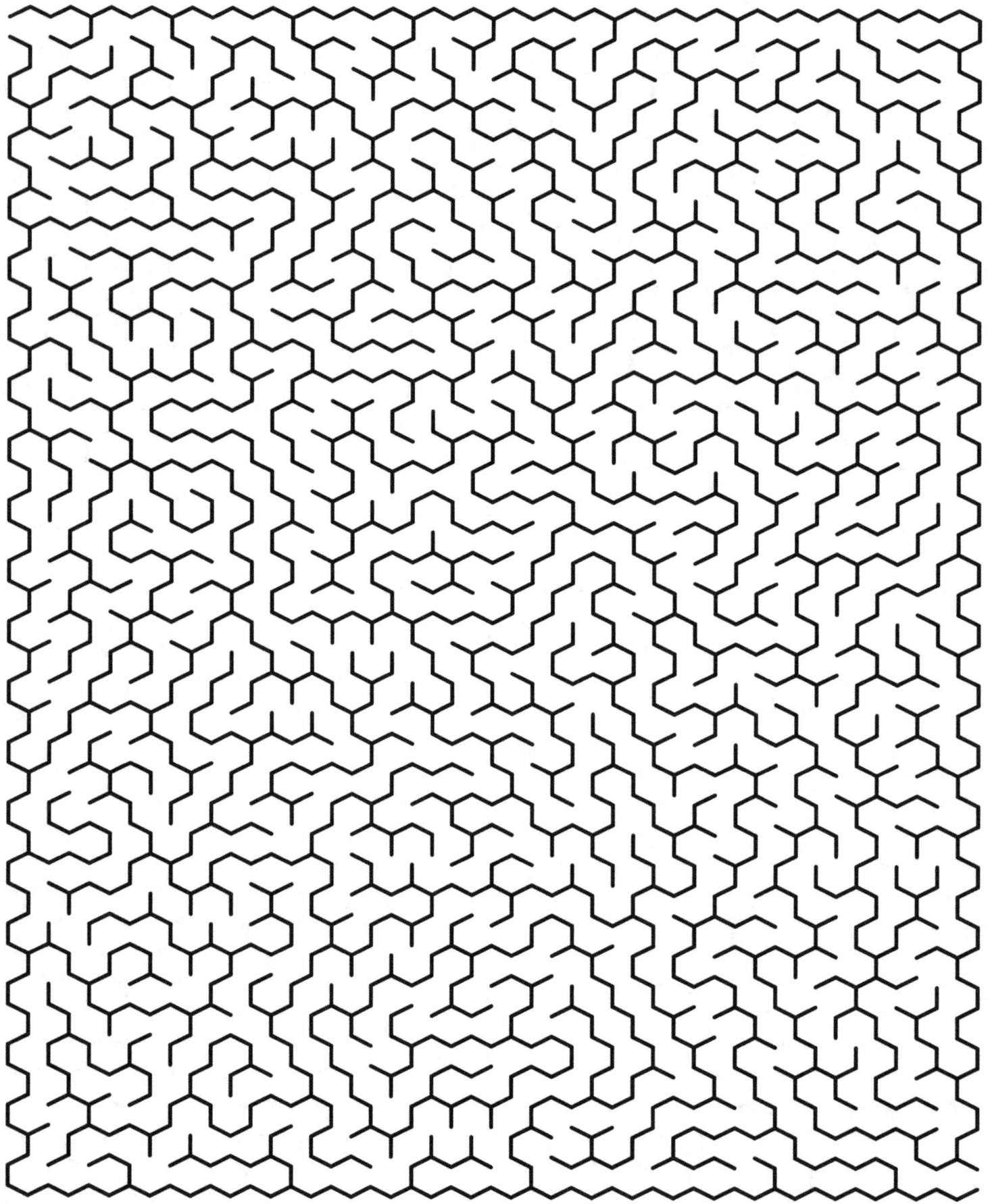

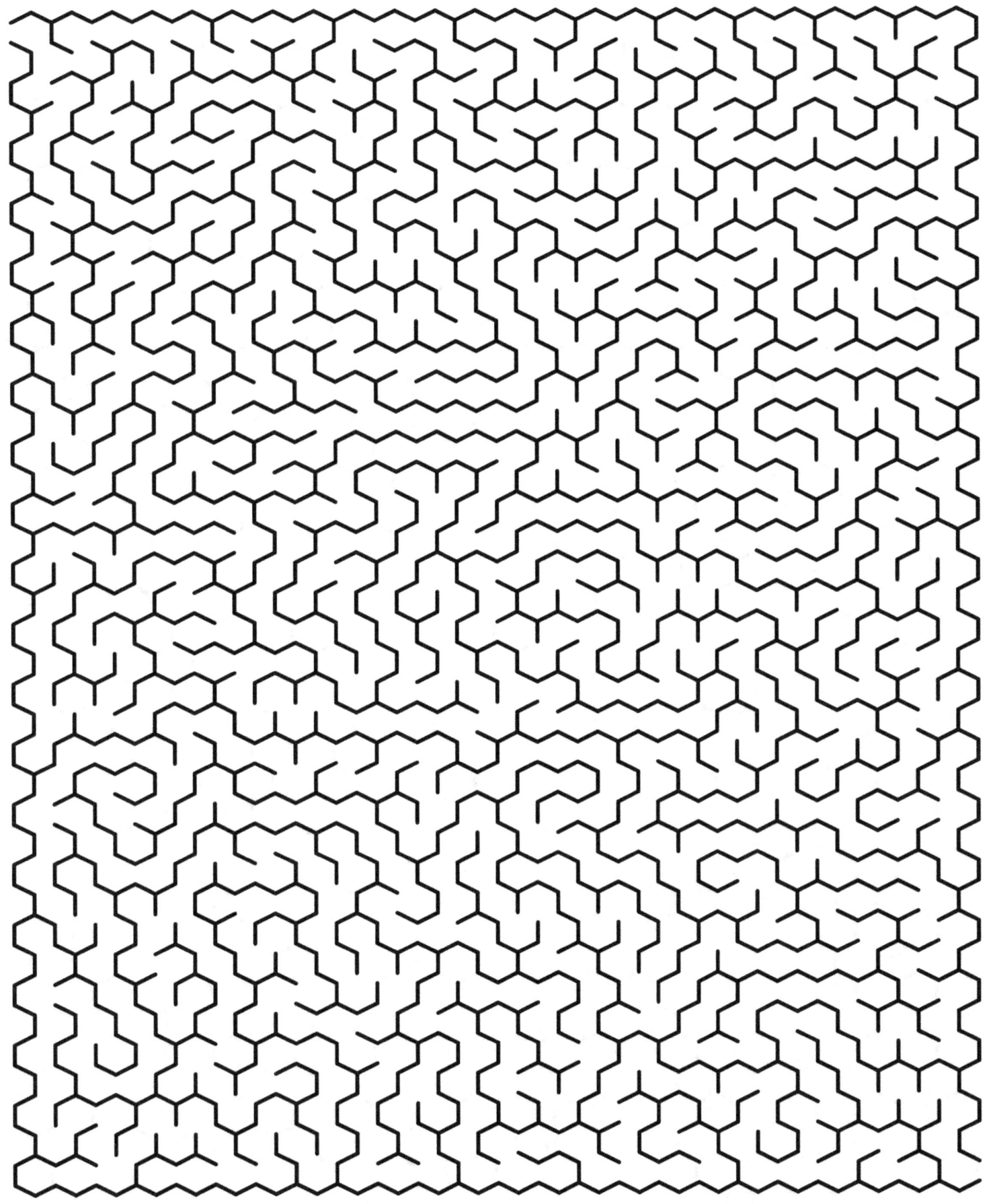

37×59 Labyrinthes hexagonaux difficiles

9×12 Labyrinthes en losange faciles

12×15 Labyrinthes en losange faciles

12×15 Labyrinthes en losange moyens

20×24 Labyrinthes en losange moyens

20×24 Labyrinthes en losange difficiles

30×37 Labyrinthes en losange difficiles

9×12 Labyrinthes en carré adouci faciles

12×15 Labyrinthes en carré adouci faciles

12×15 Labyrinthes en carré adouci moyens

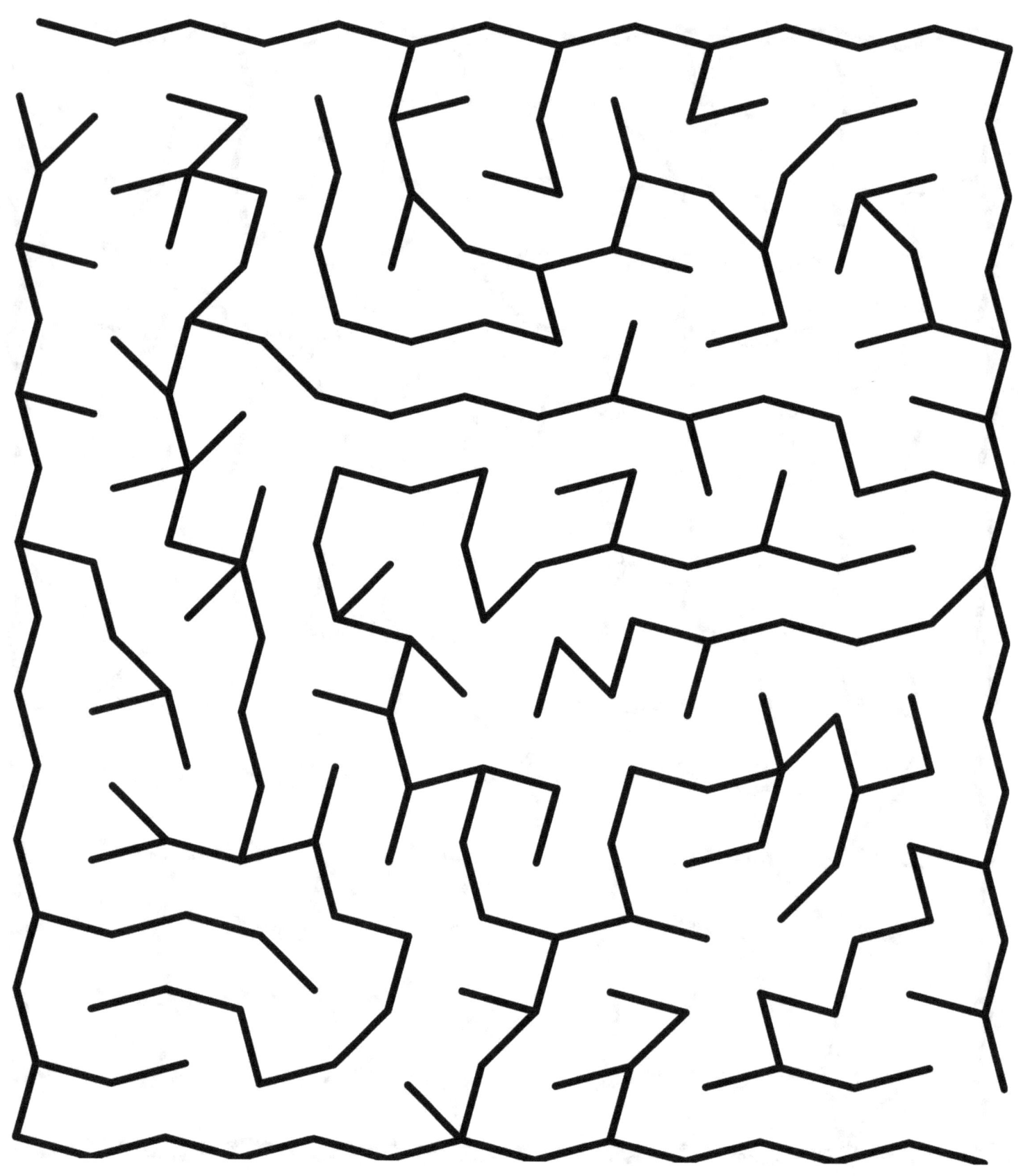

20×24 Labyrinthes en carré adouci moyens

20×24 Labyrinthes en carré adouci difficiles

30×37 Labyrinthes en carré adouci difficiles

9×12 Labyrinthes en carré adouci 2 faciles

9×12 Labyrinthes du pavage du Caire faciles

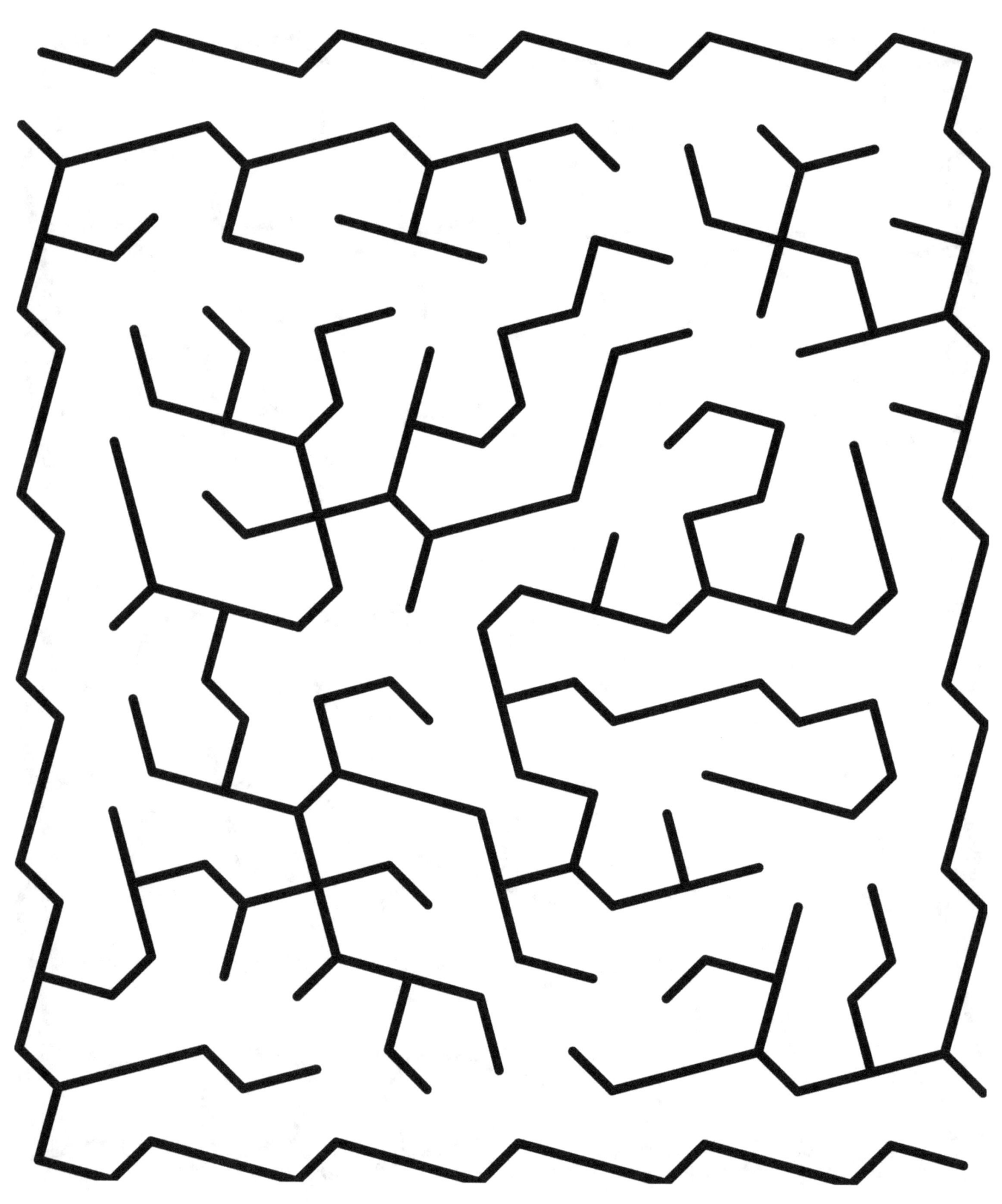

12×15 Labyrinthes du pavage du Caire faciles

13×16 Labyrinthes du pavage du Caire faciles

13×15 Labyrinthes du pavage du Caire moyens

20×24 Labyrinthes du pavage du Caire moyens

20×24 Labyrinthes du pavage du Caire difficiles

30×37 Labyrinthes du pavage du Caire difficiles

20×20 Labyrinthes circulaires difficiles

25×25 Labyrinthes circulaires difficiles

30×30 Labyrinthes circulaires difficiles

35×35 Labyrinthes circulaires difficiles

9×12 Labyrinthes carrés-triangles faciles

12×15 Labyrinthes carrés-triangles faciles

12×15 Labyrinthes carrés-triangles moyens

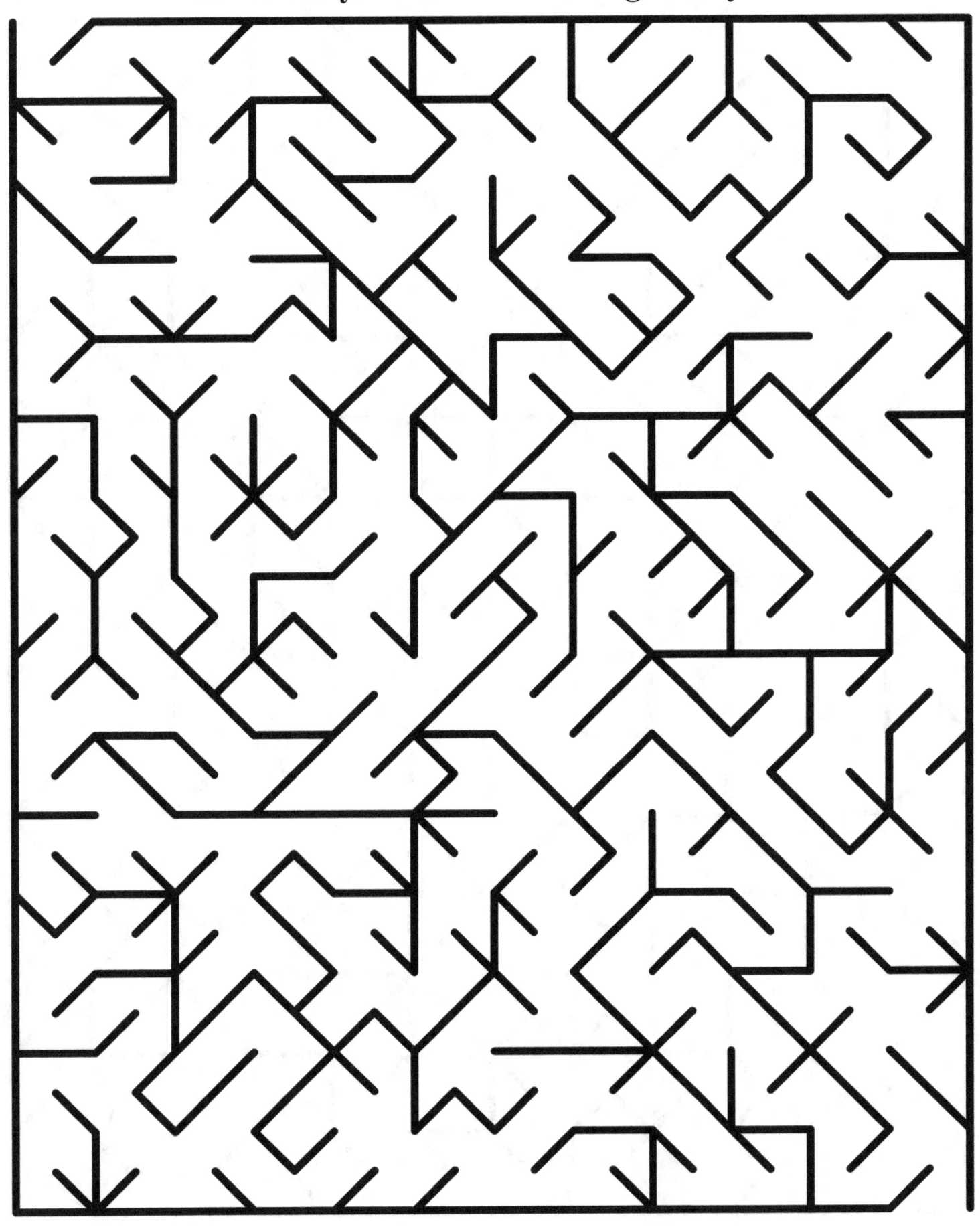

20×24 Labyrinthes carrés-triangles moyens

20×24 Labyrinthes carrés-triangles difficiles

30×37 Labyrinthes carrés-triangles difficiles

Solutions

Page 4

Page 5

Page 6

Page 7

Page 12

Page 13

Page 14

Page 15

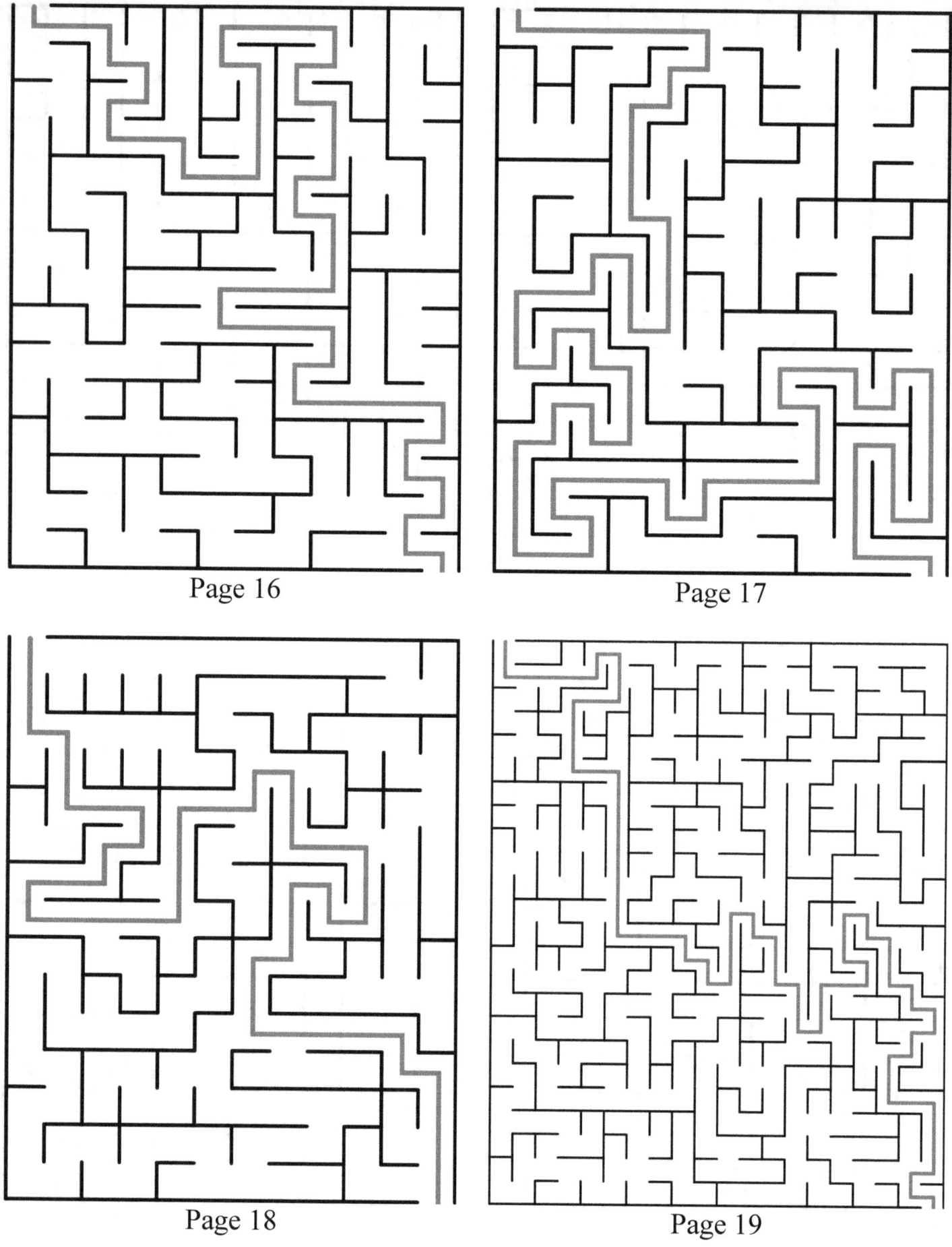

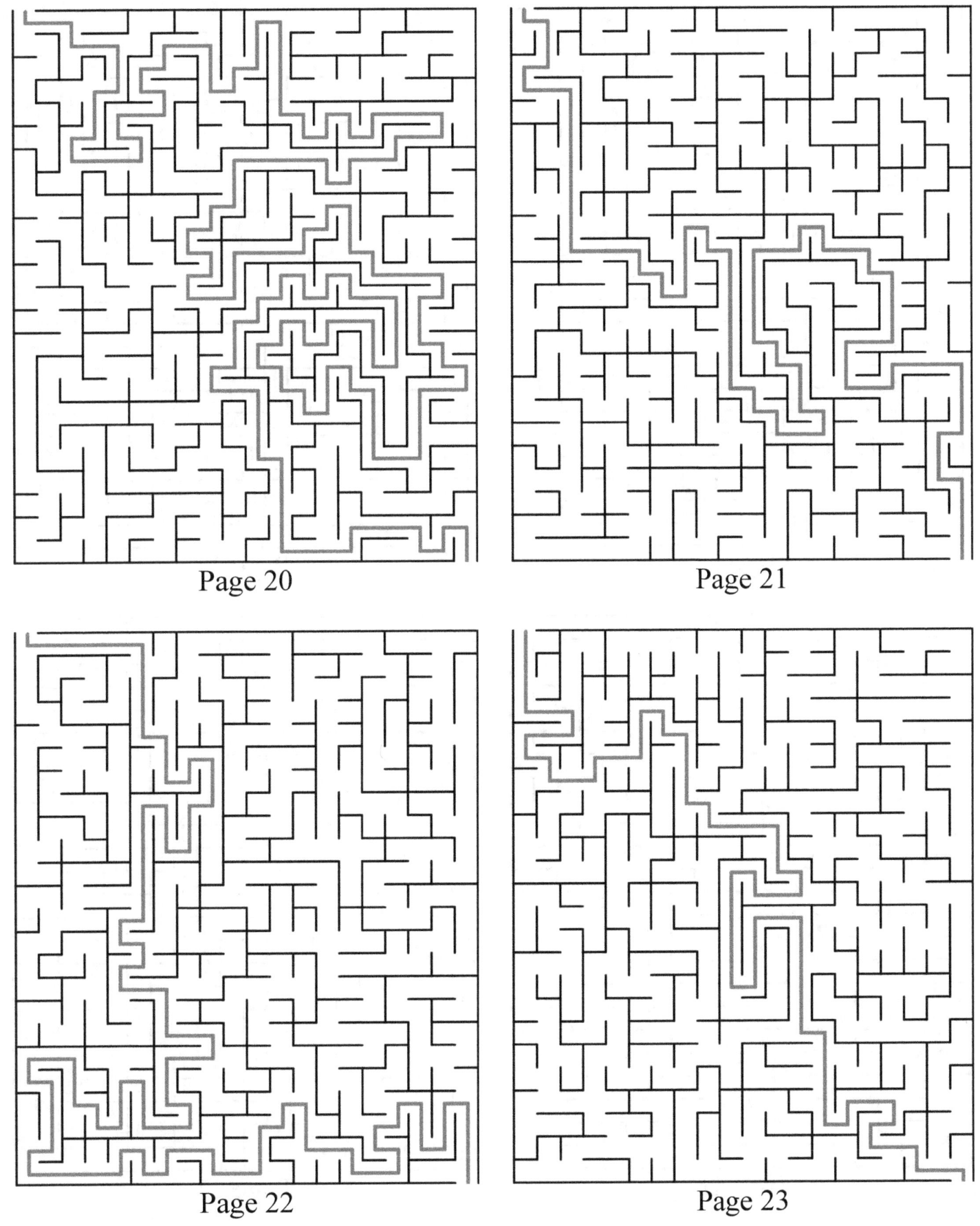

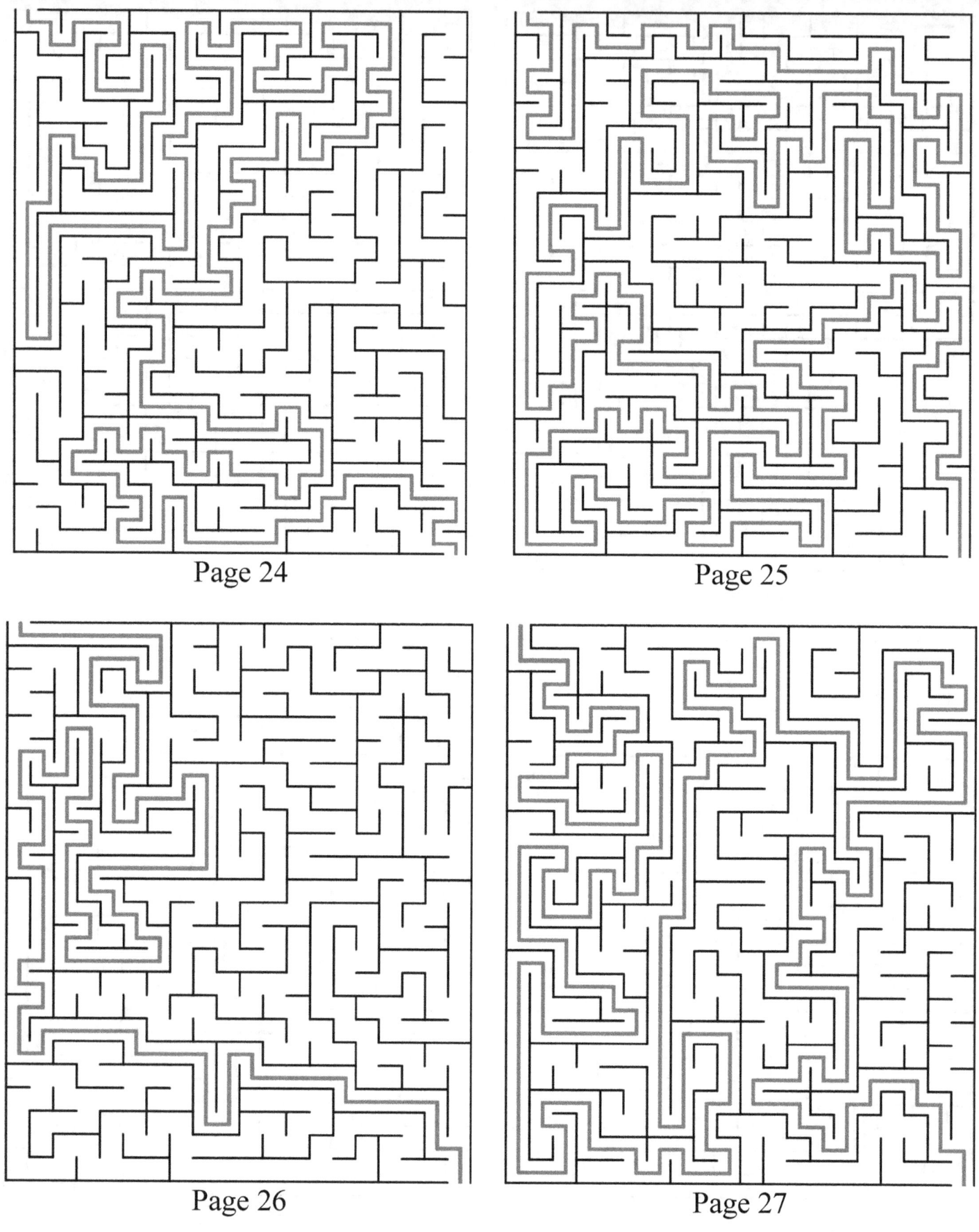

Page 24

Page 25

Page 26

Page 27

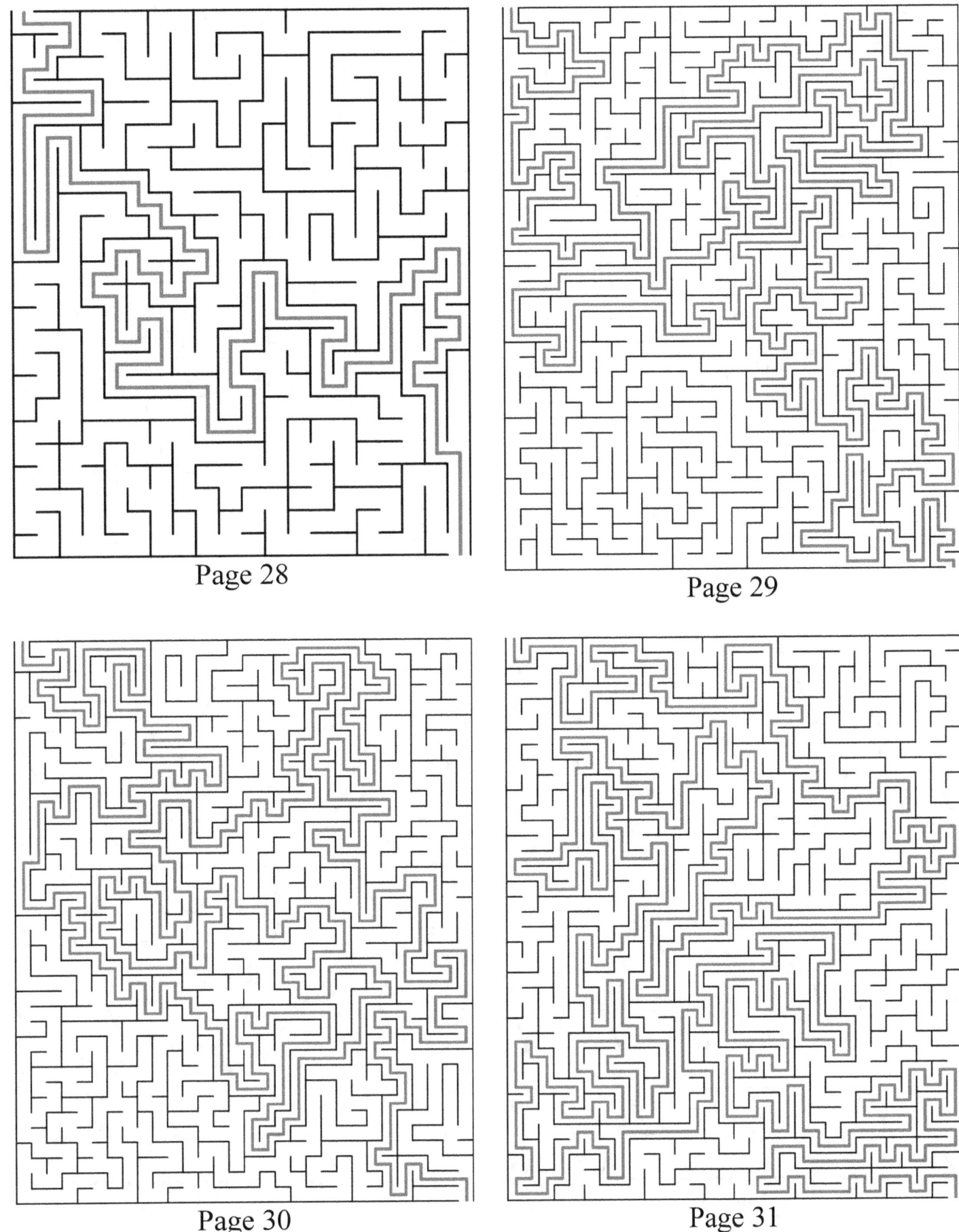

Page 36
Page 37
Page 38
Page 39

Page 40
Page 41
Page 42
Page 43

Page 44

Page 45

Page 46

Page 47

241 labyrinthes

Page 52

Page 53

Page 54

Page 55

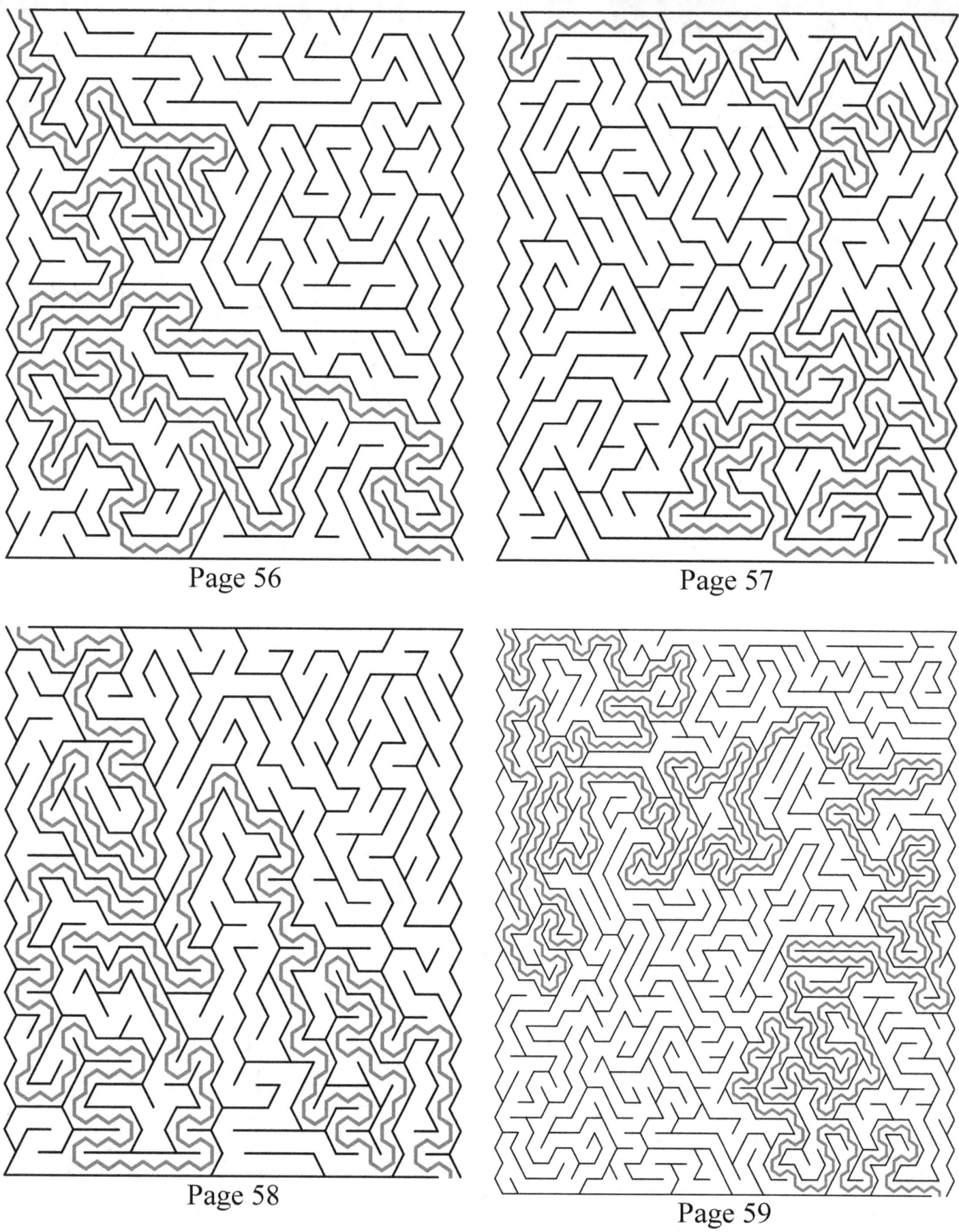

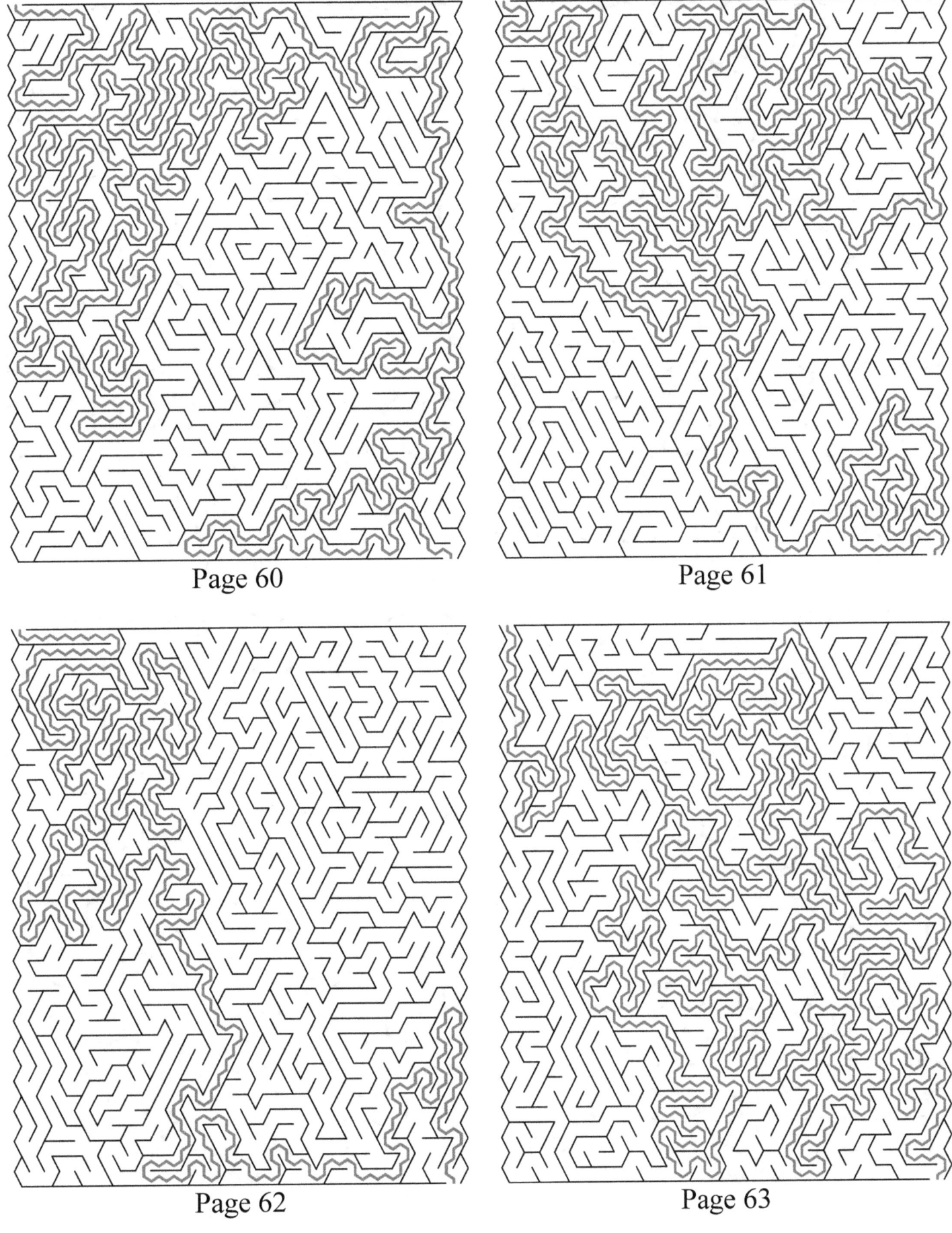

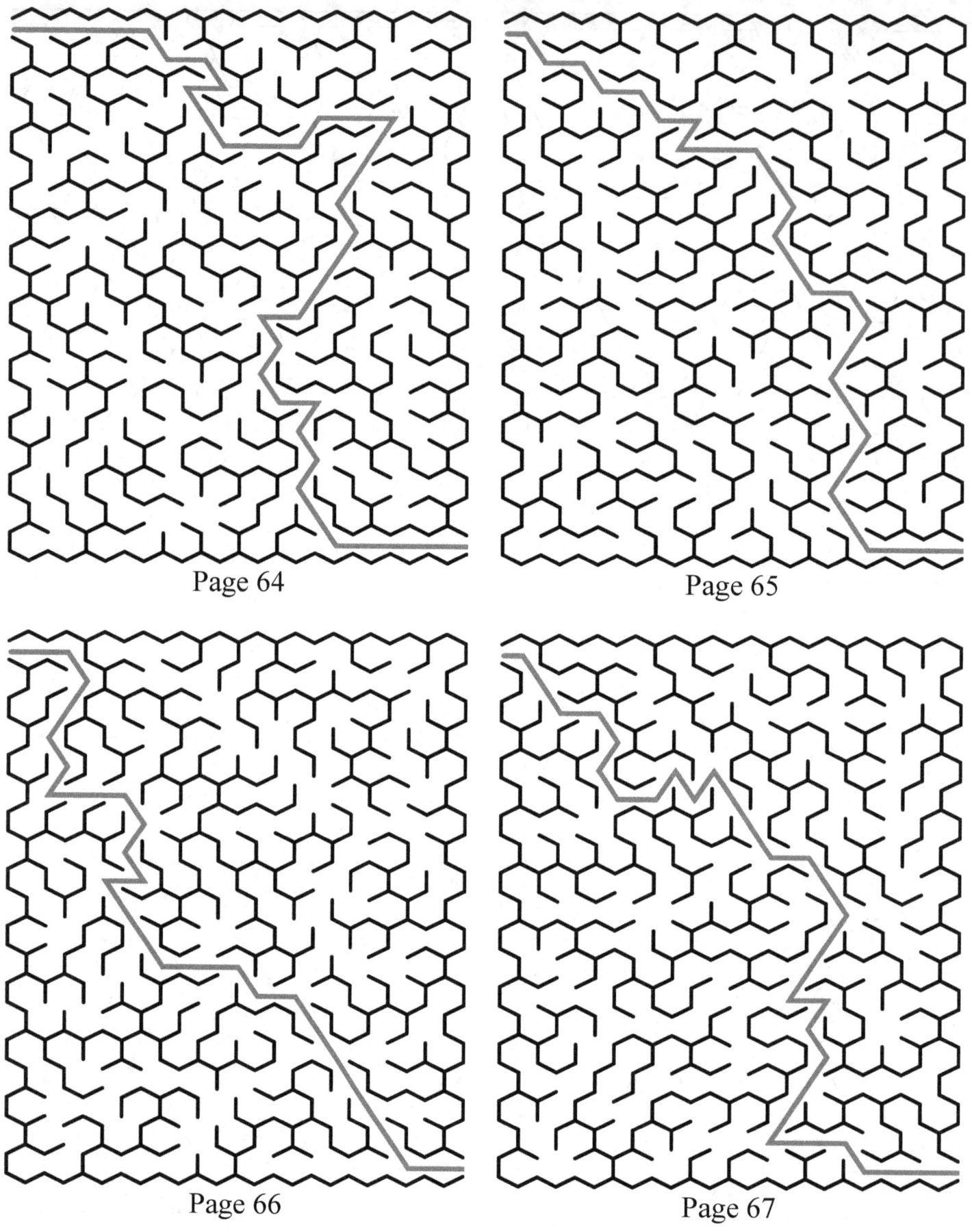

Page 64

Page 65

Page 66

Page 67

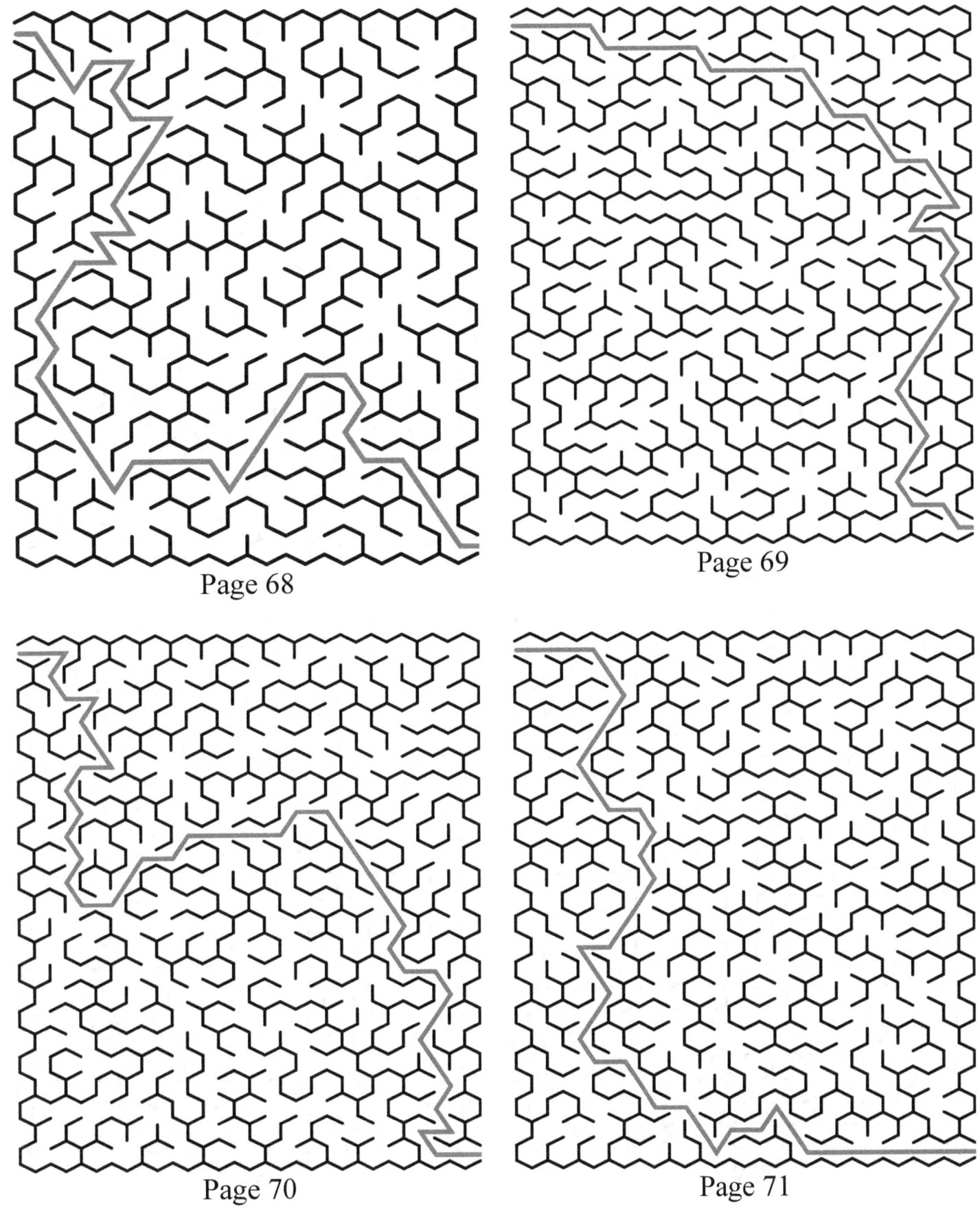

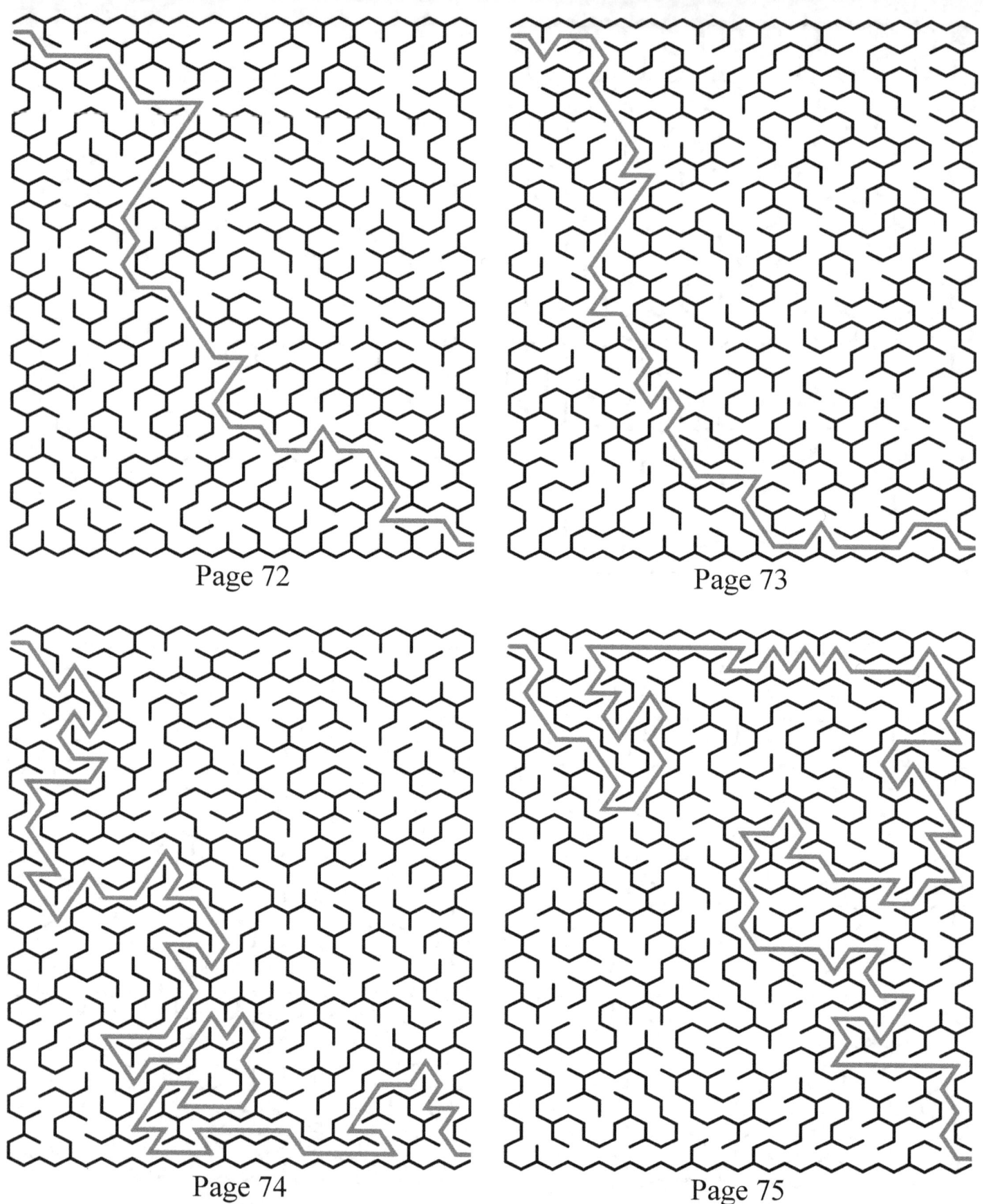

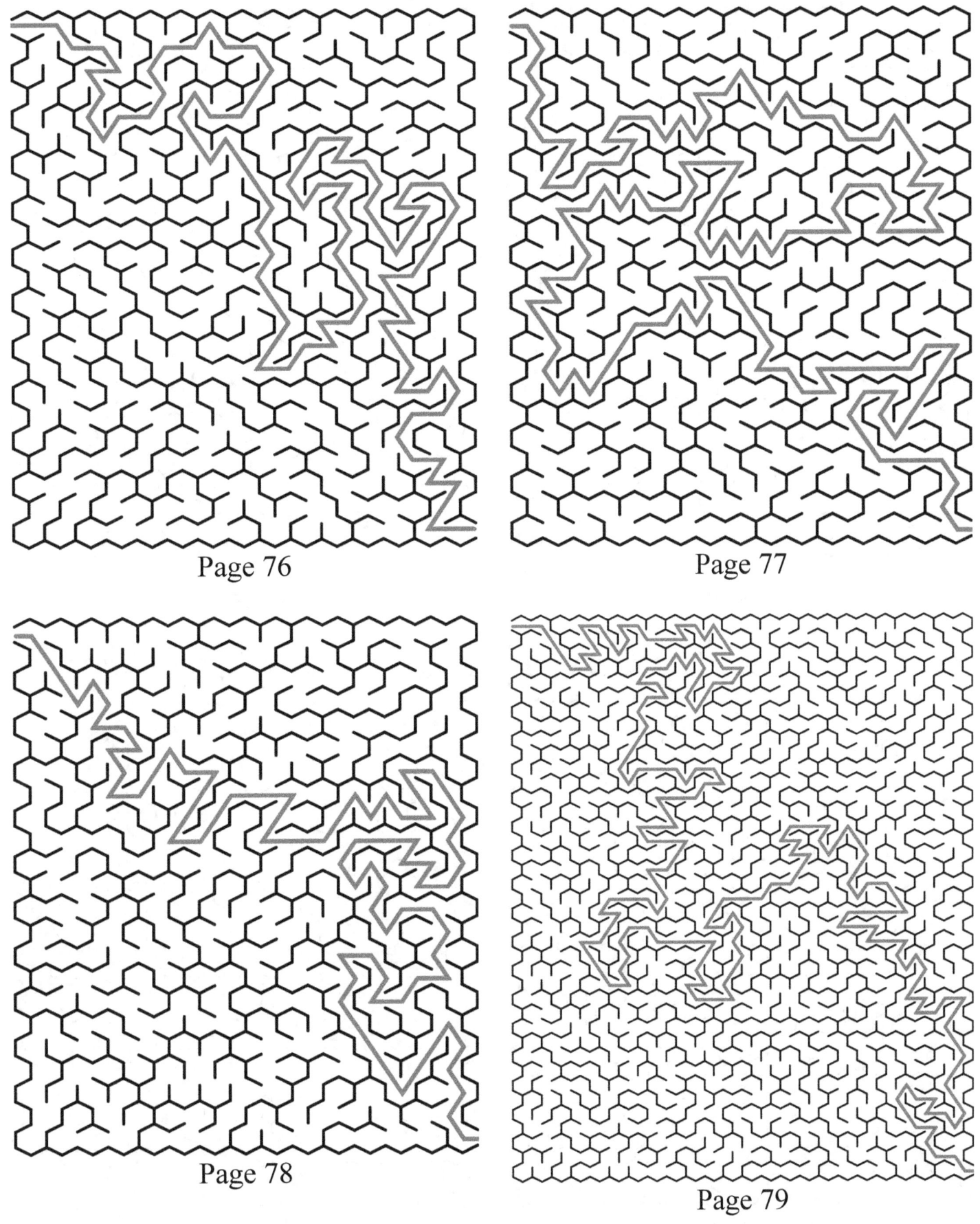

Page 76
Page 77
Page 78
Page 79

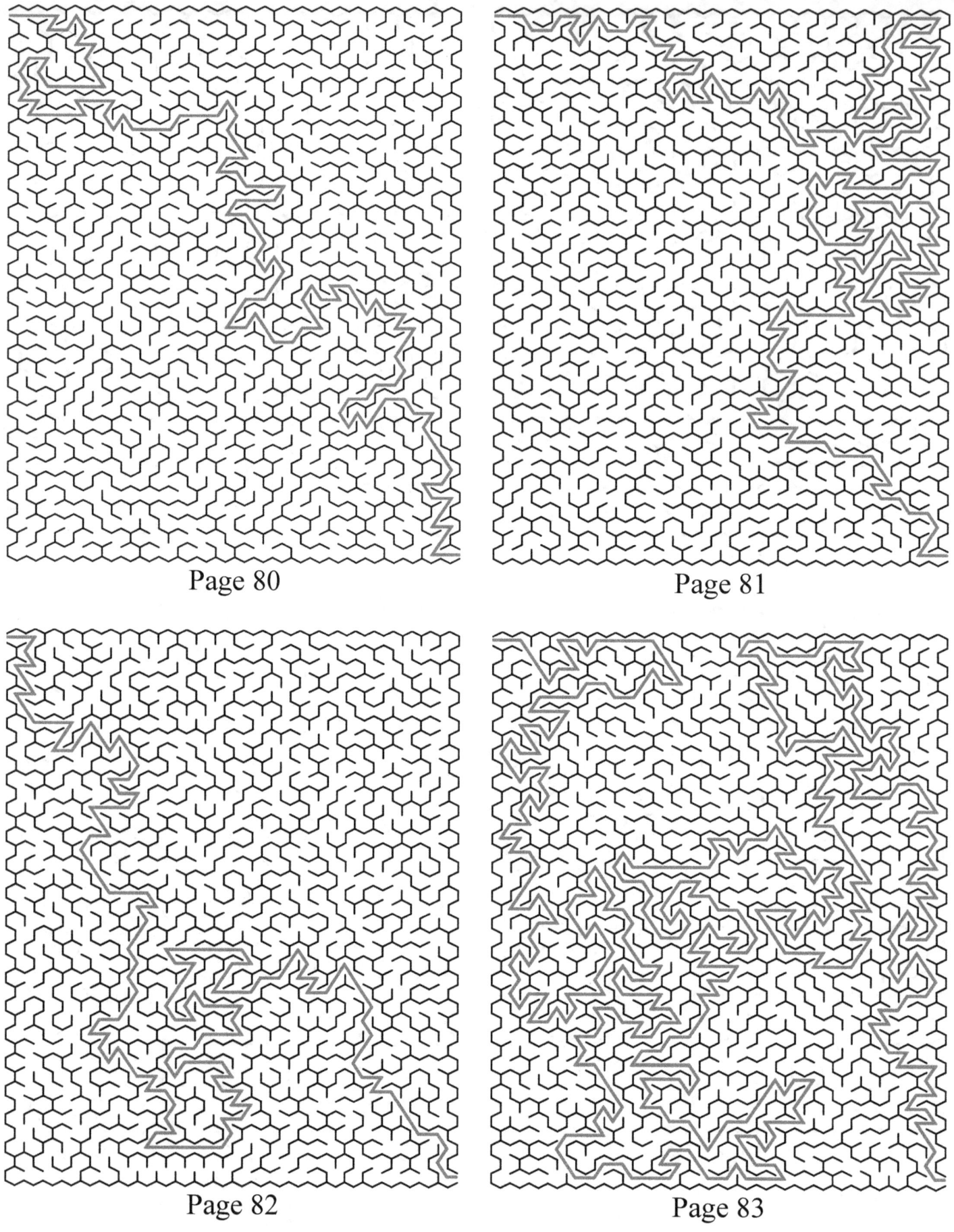

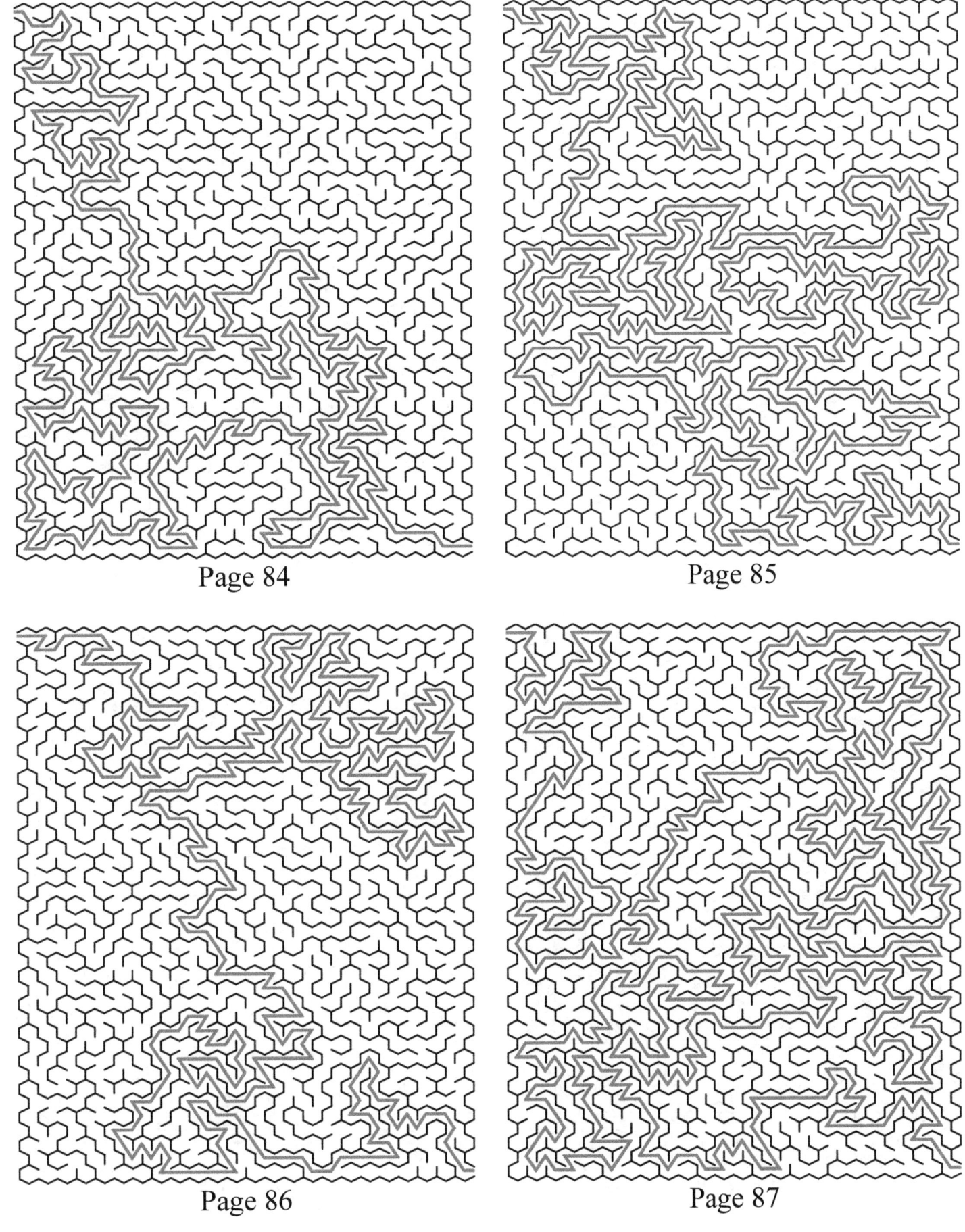

Page 84

Page 85

Page 86

Page 87

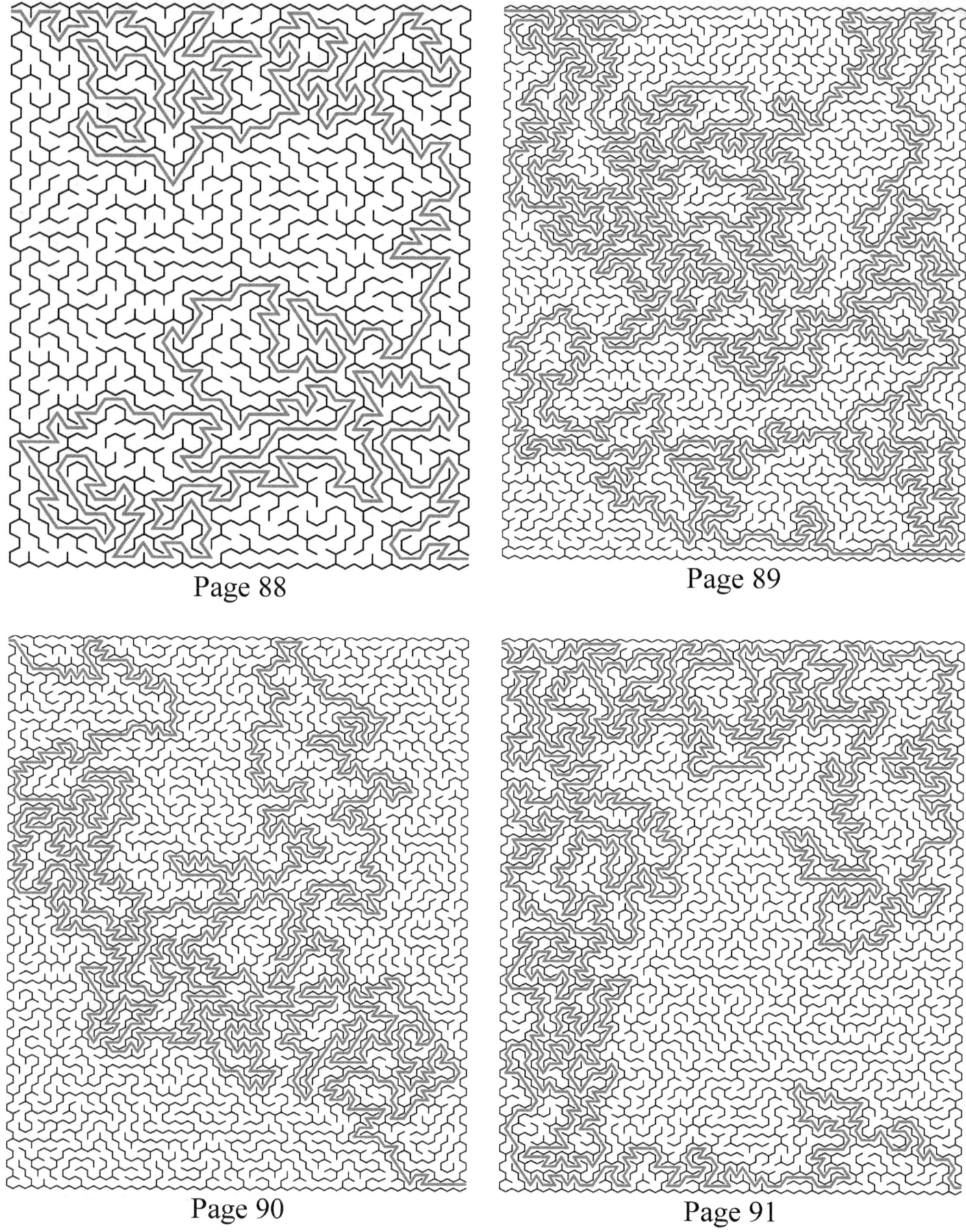

Page 100
Page 101
Page 102
Page 103

Page 104

Page 105

Page 106

Page 107

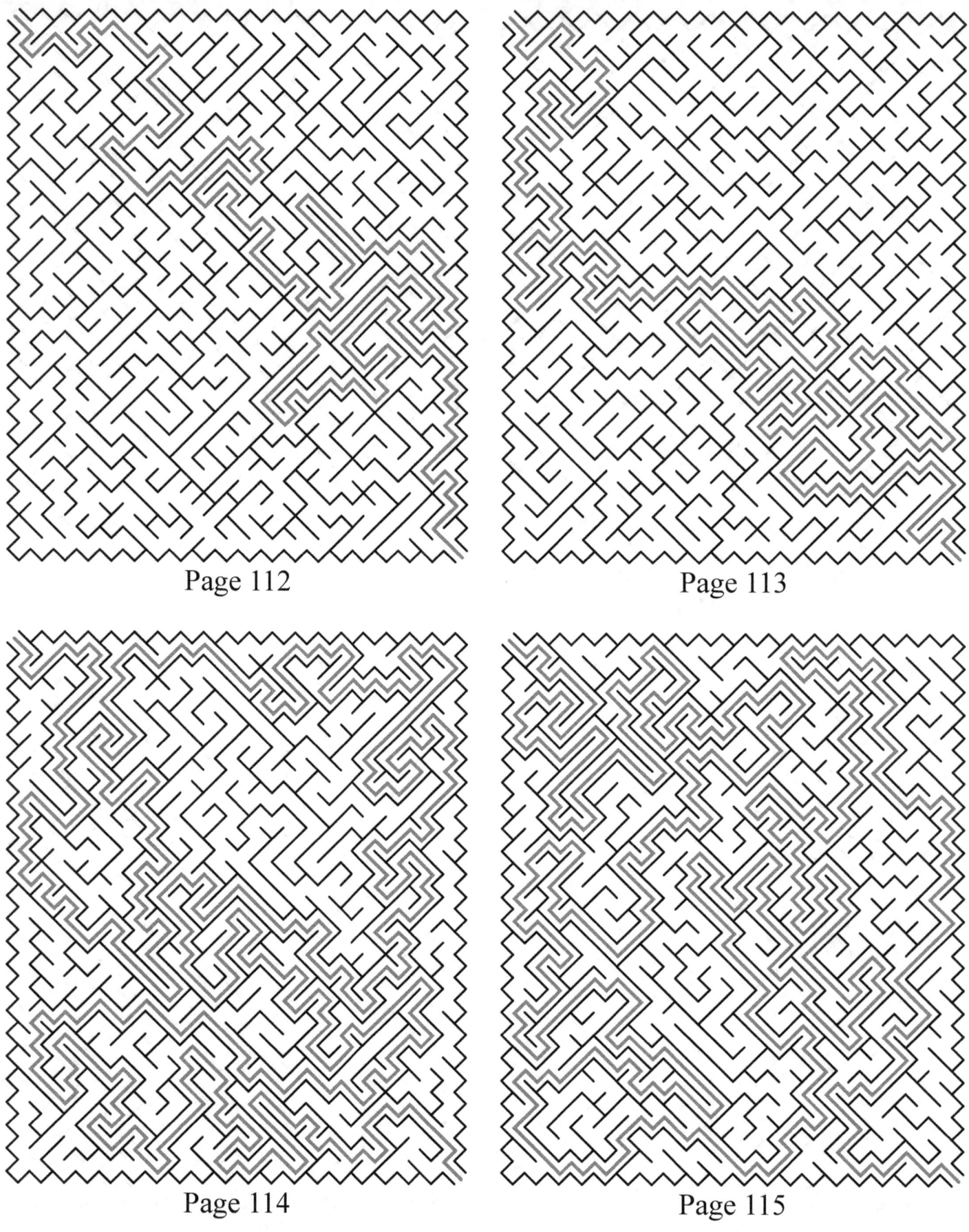

Page 112

Page 113

Page 114

Page 115

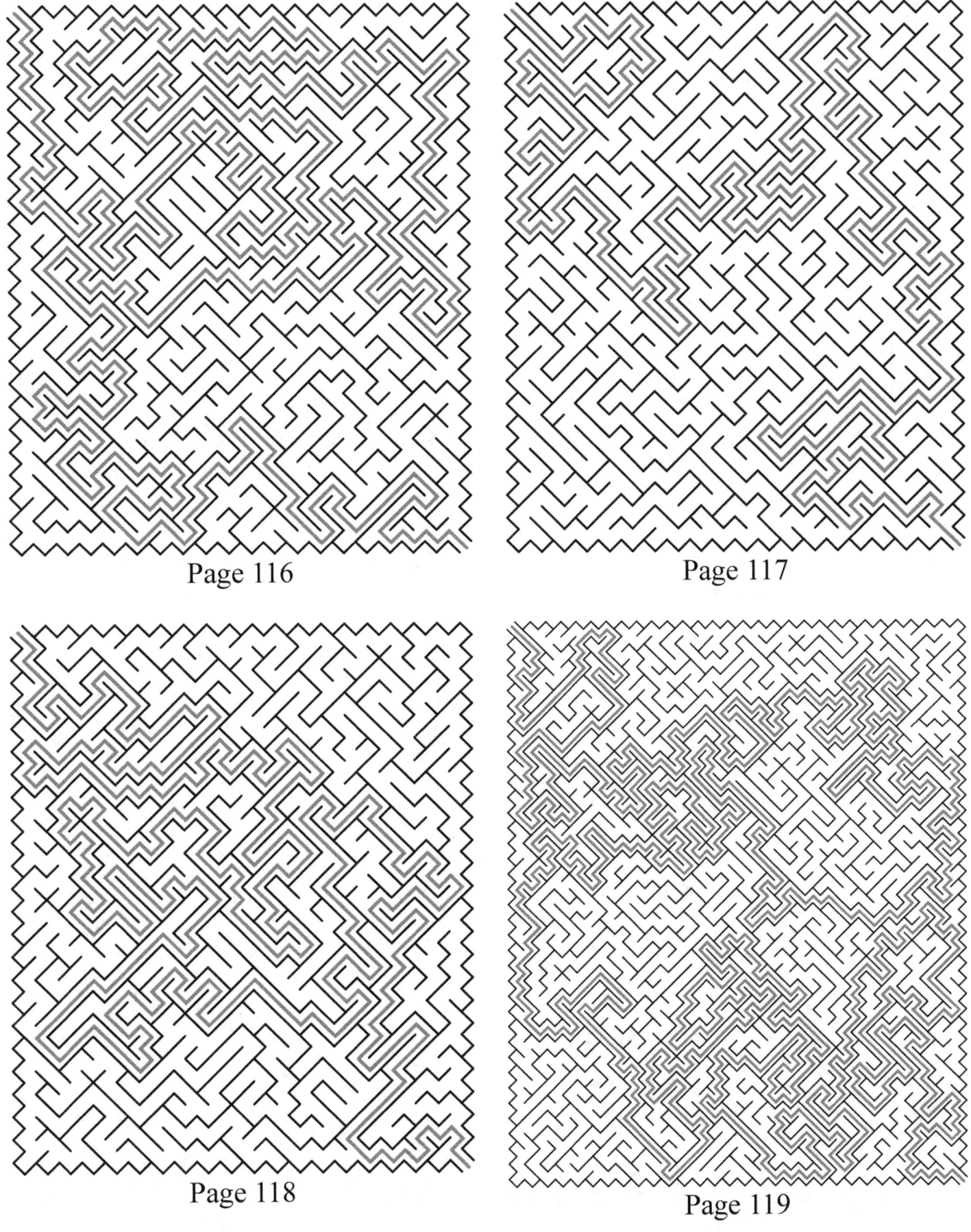

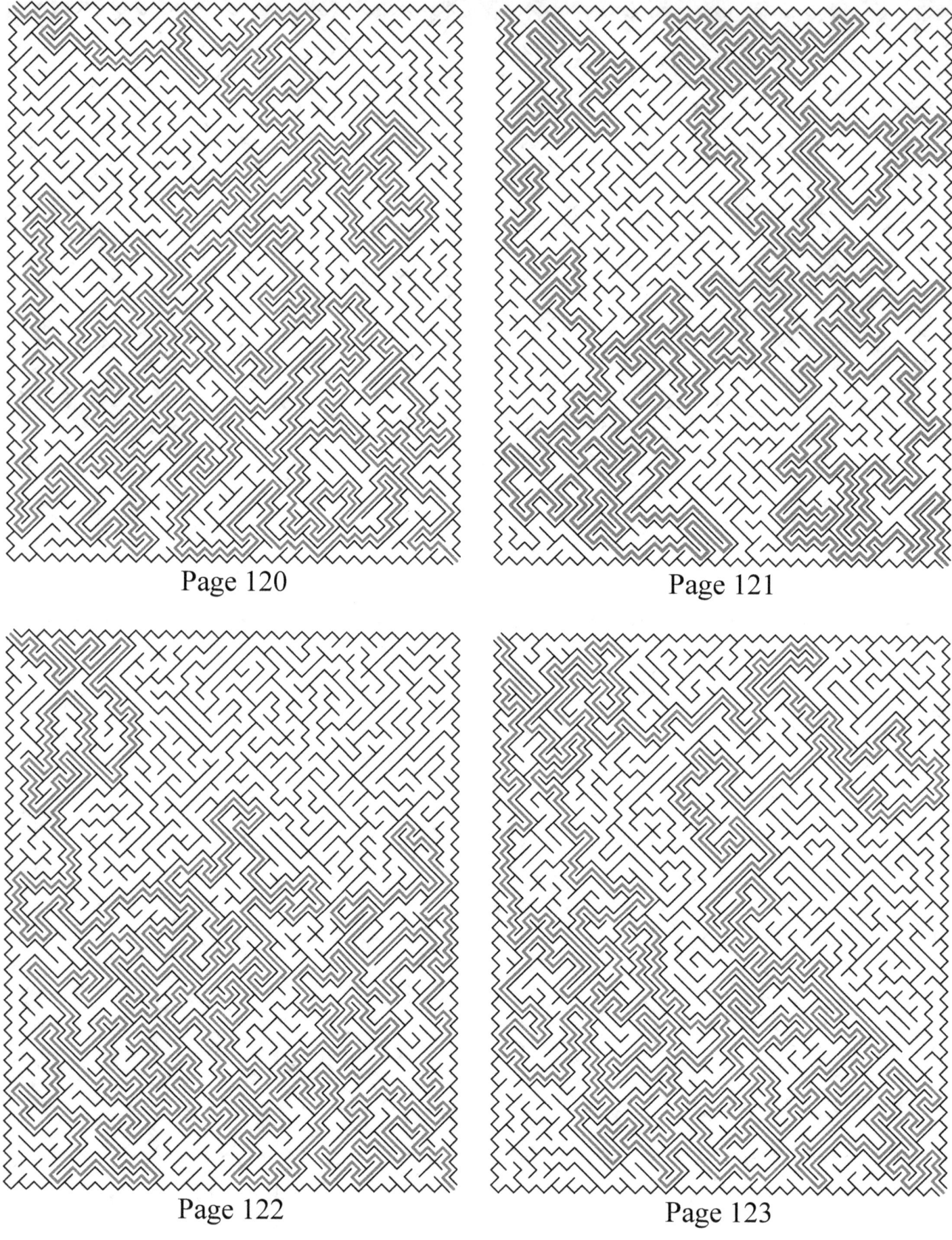

Page 120

Page 121

Page 122

Page 123

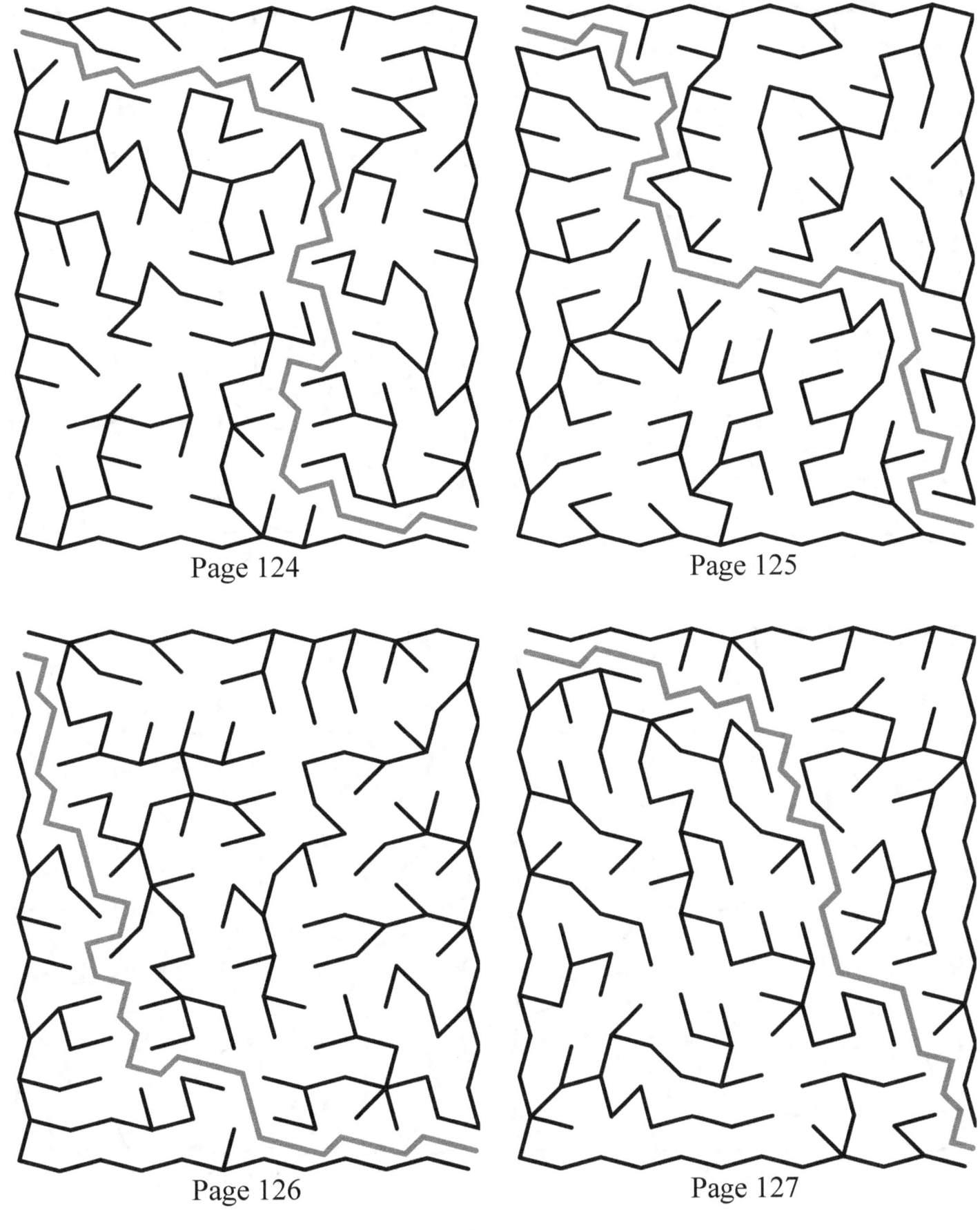

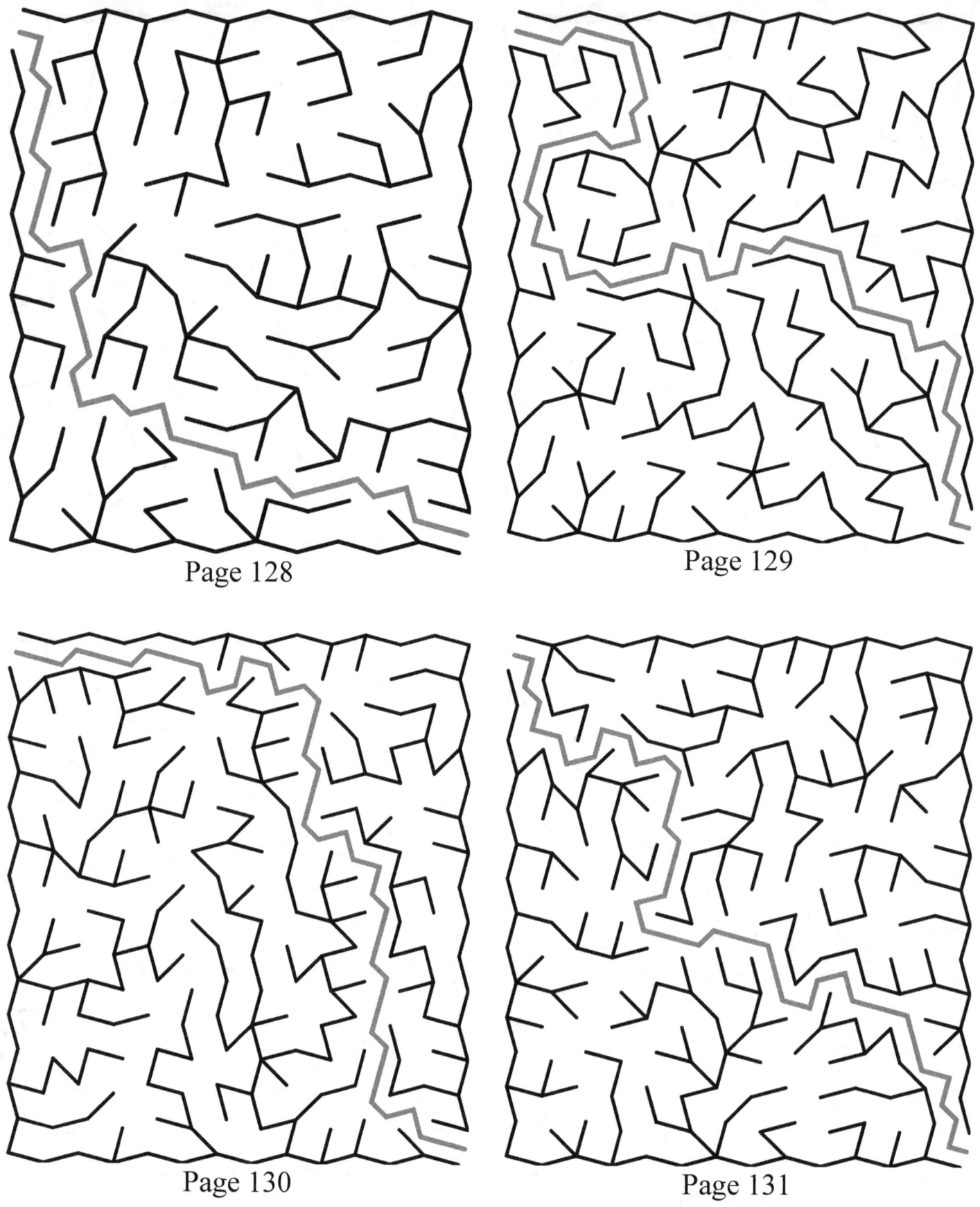

Page 128

Page 129

Page 130

Page 131

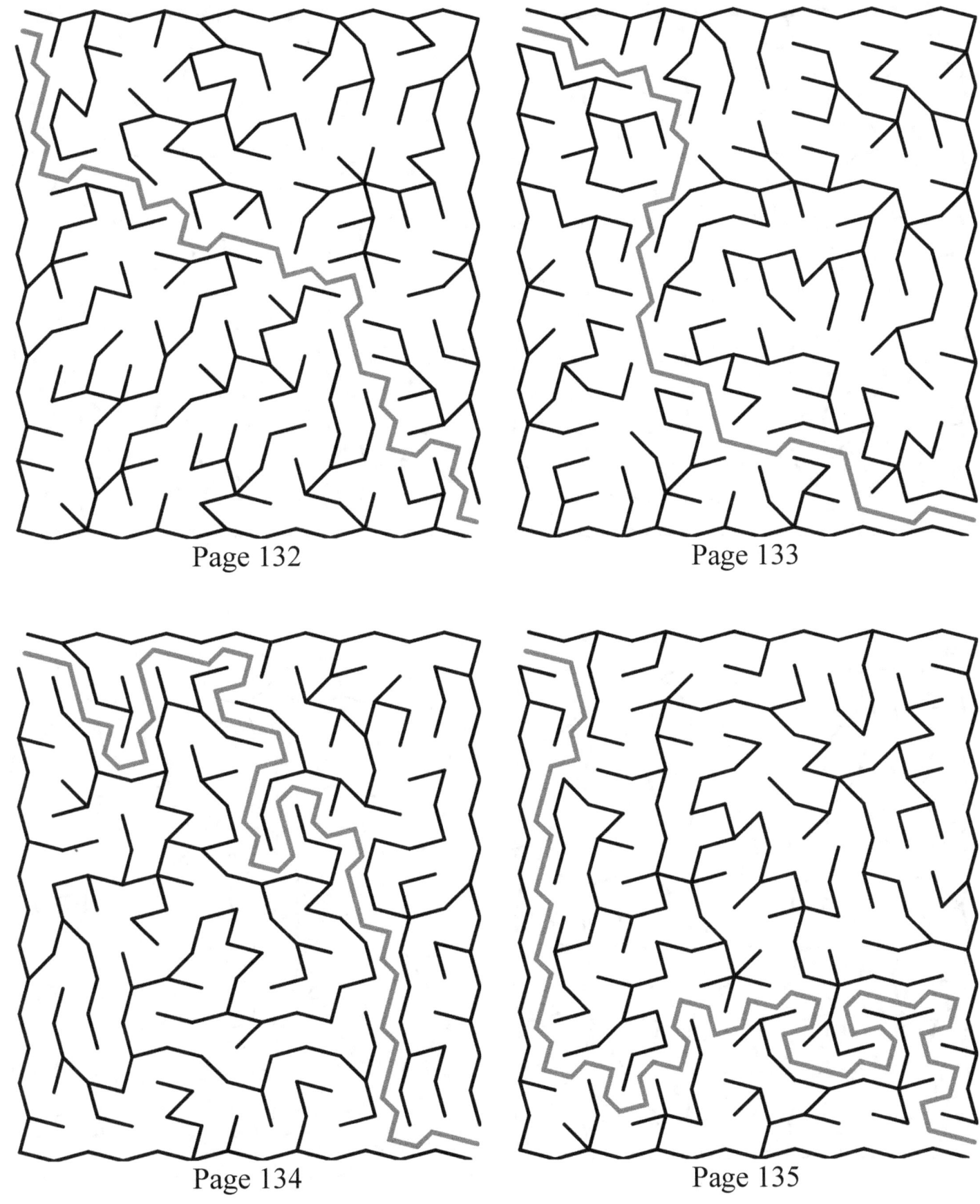

Page 132
Page 133
Page 134
Page 135

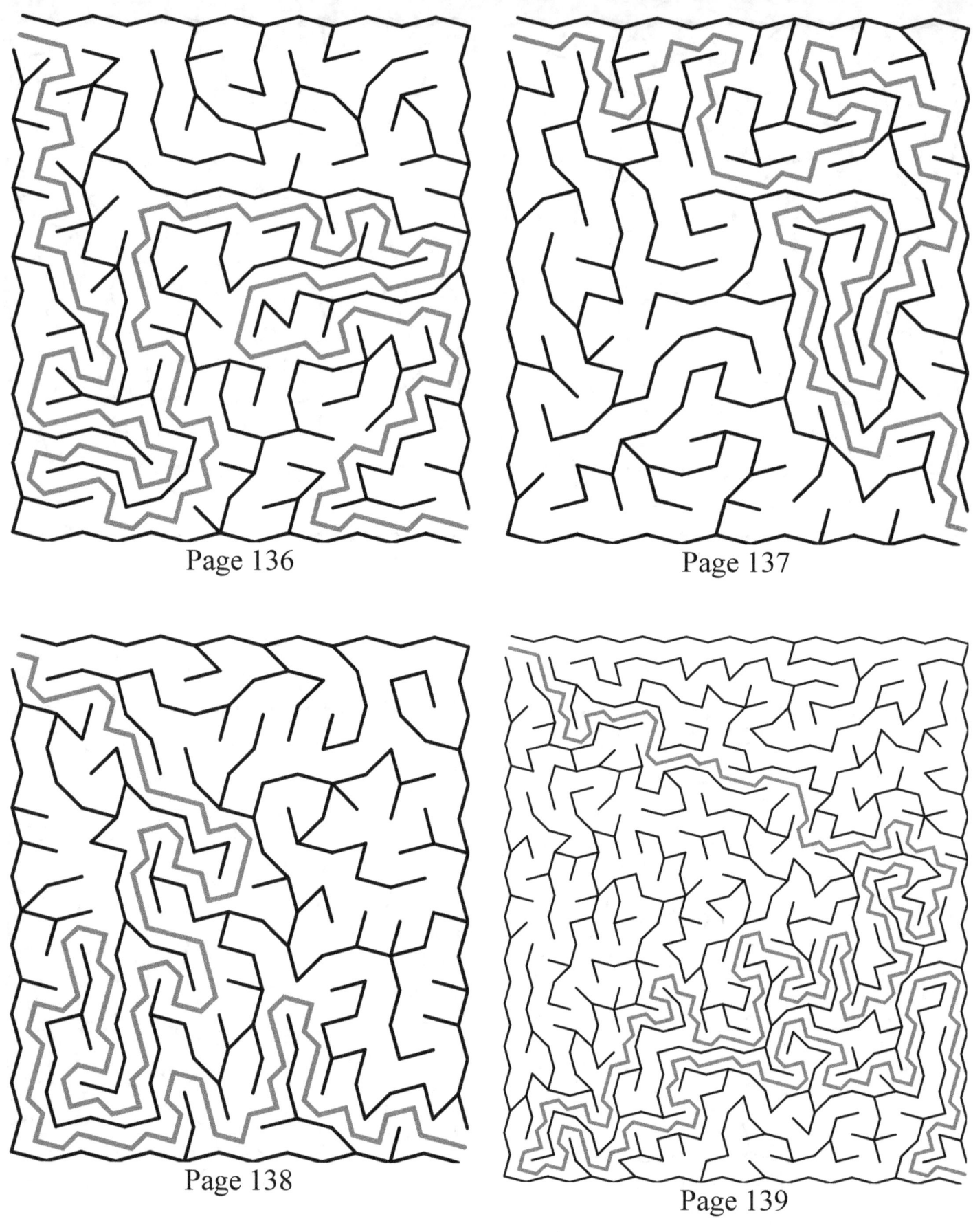

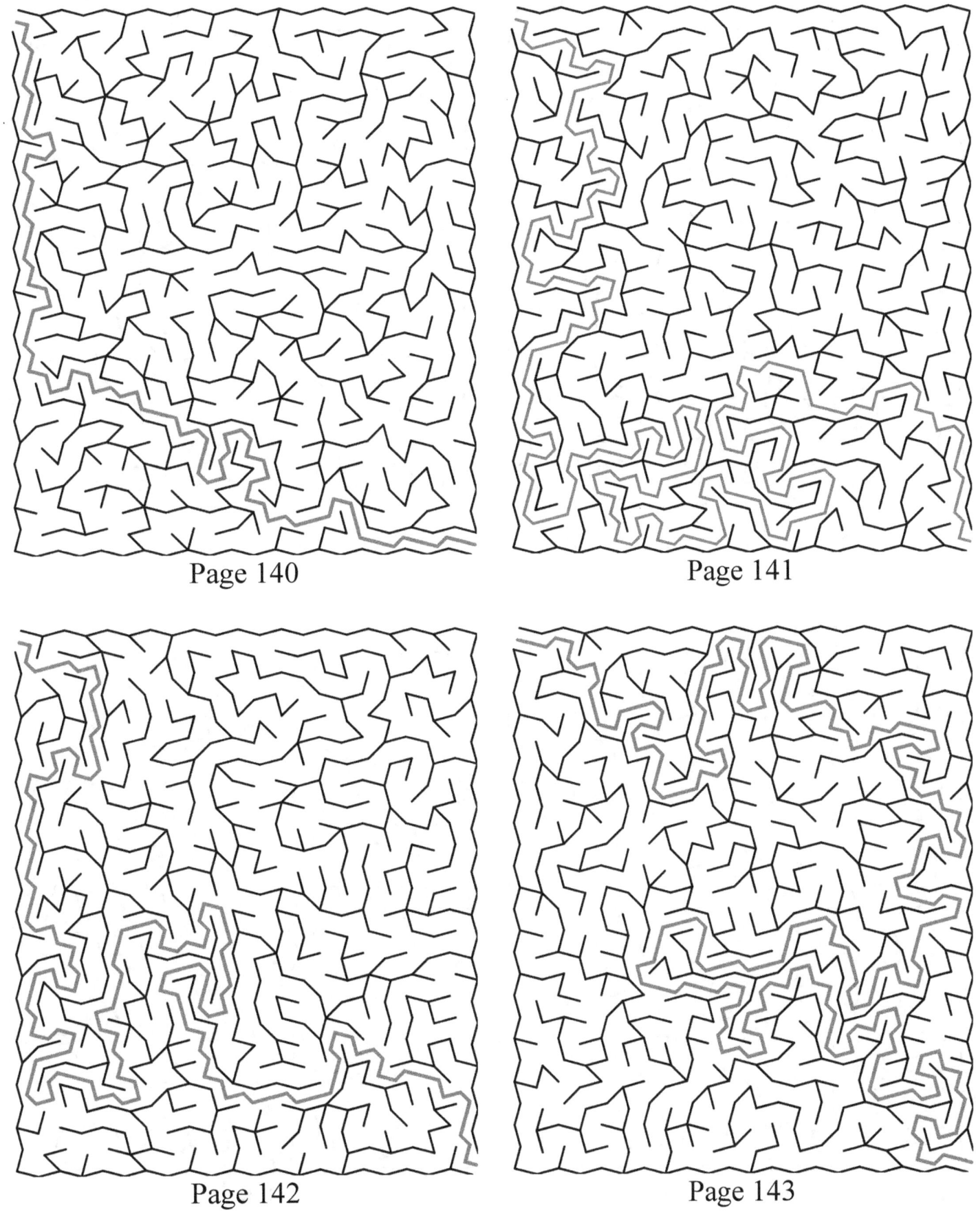

Page 140

Page 141

Page 142

Page 143

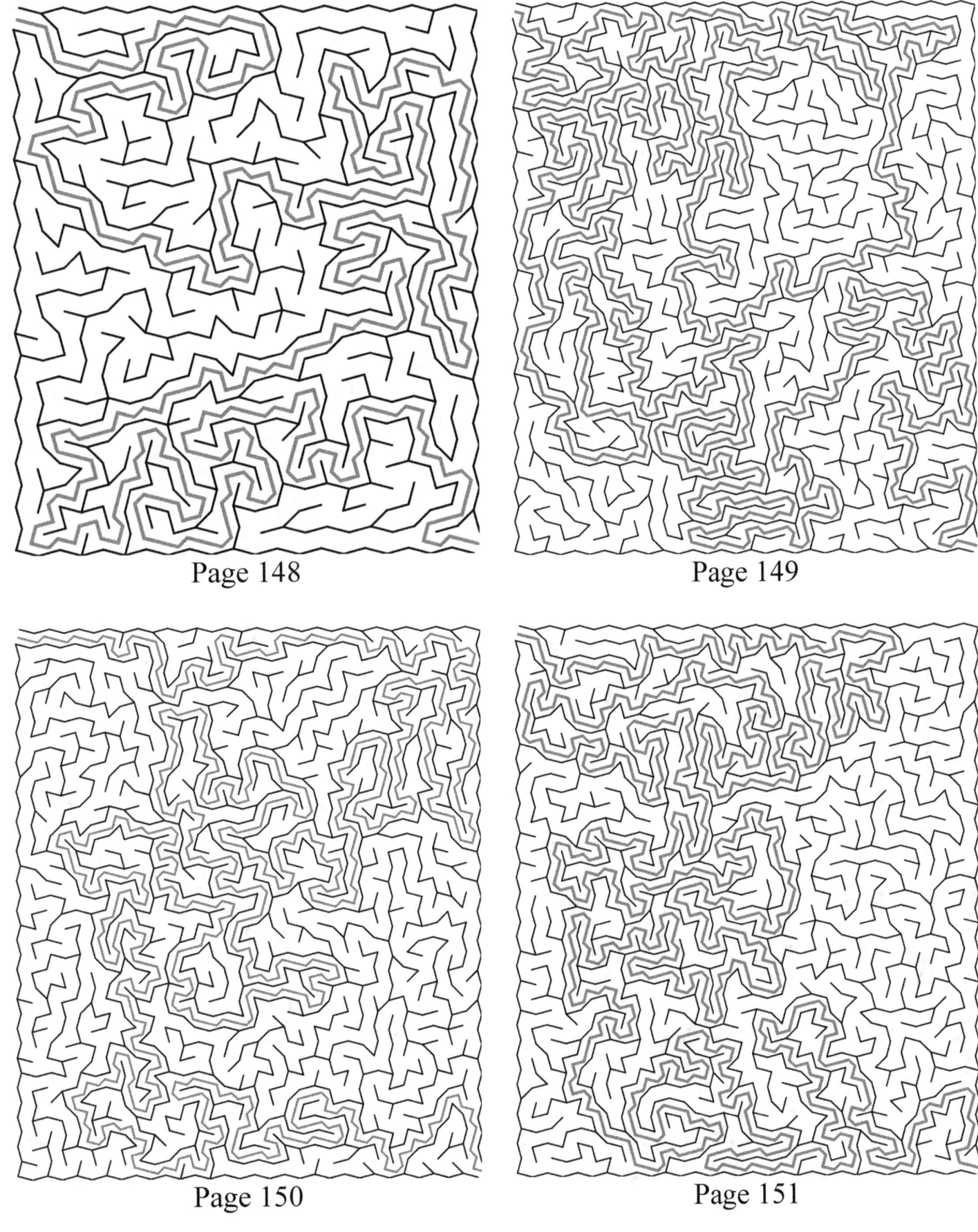

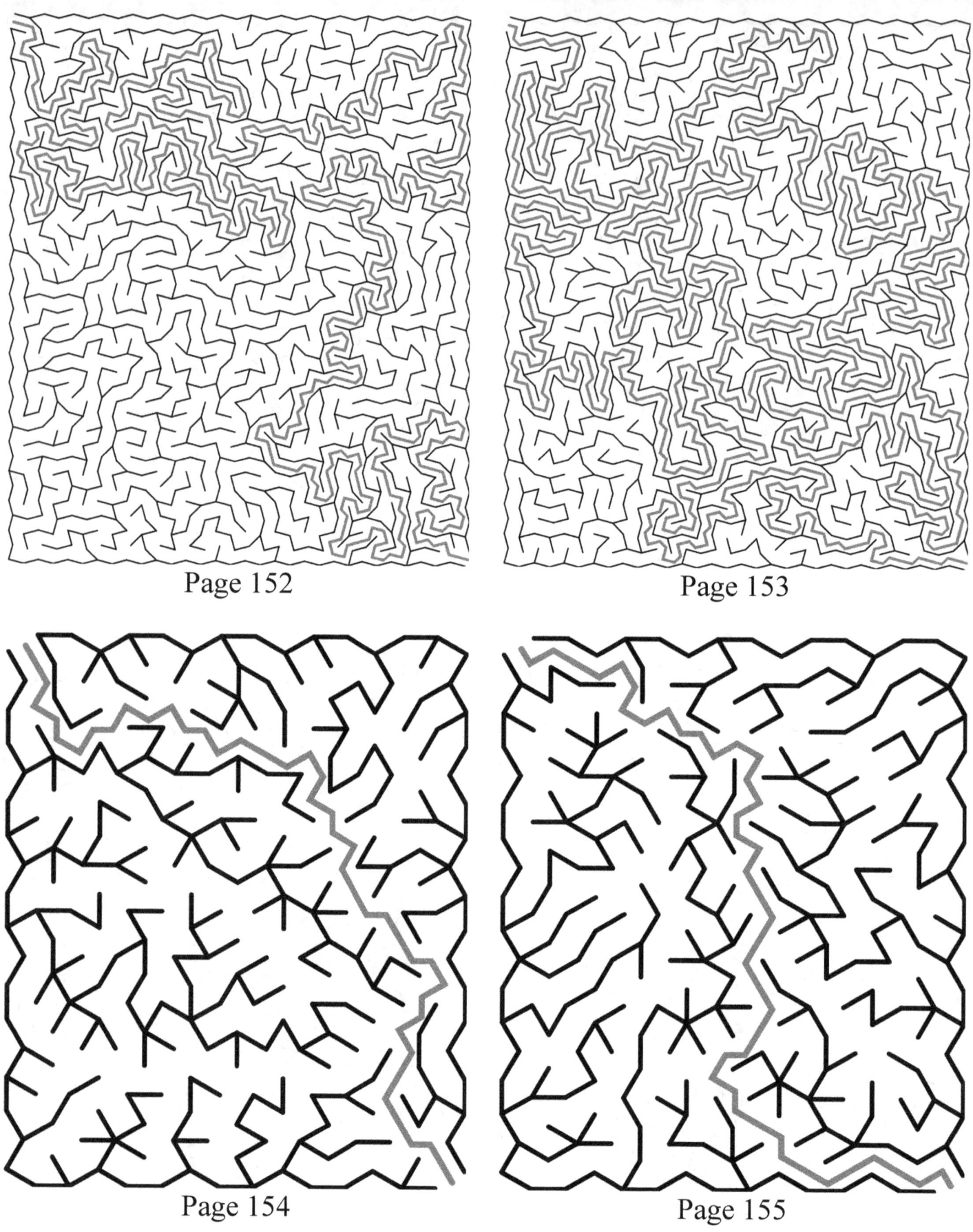

Page 152 Page 153

Page 154 Page 155

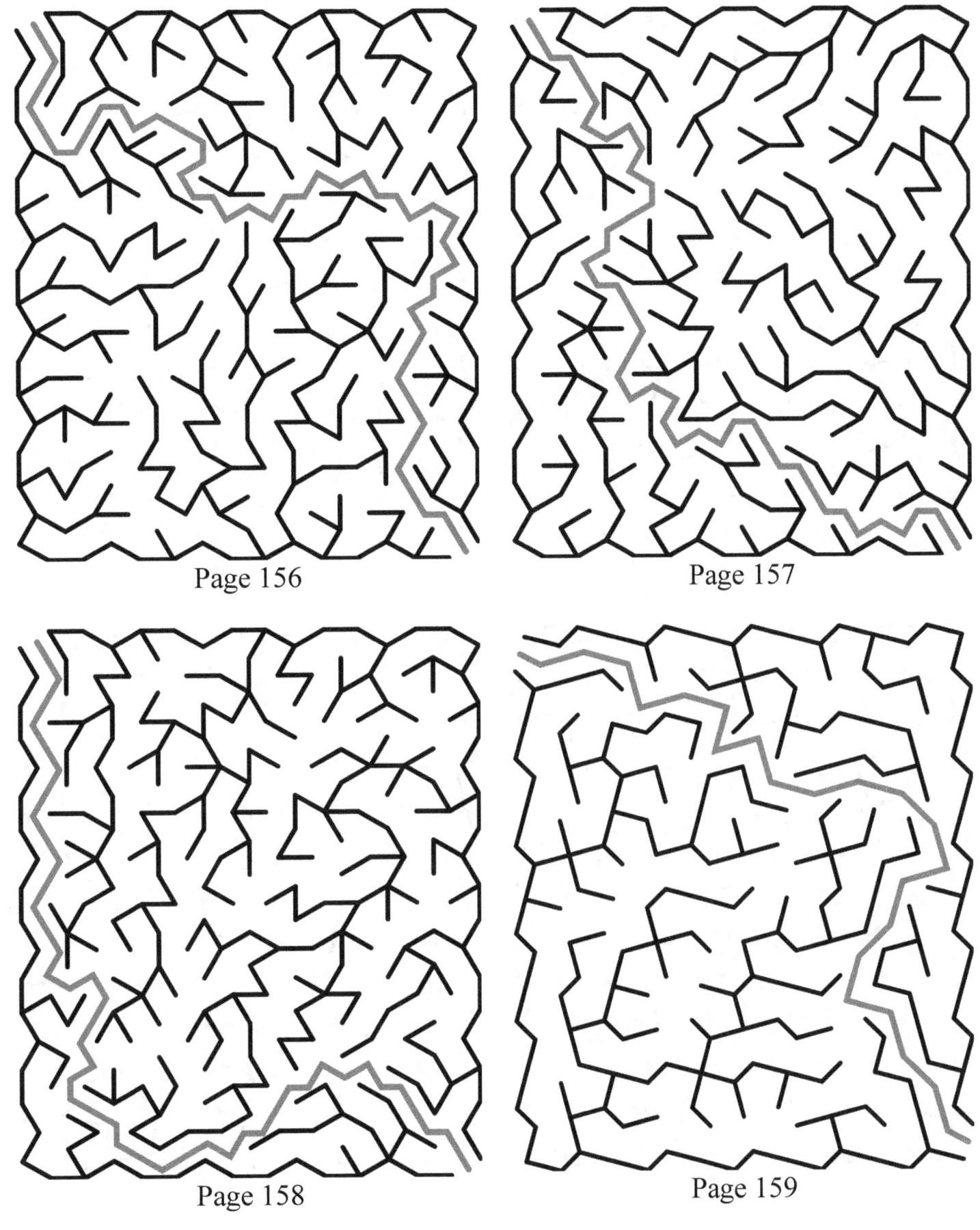

Page 160

Page 161

Page 162

Page 163

Page 164

Page 165

Page 166

Page 167

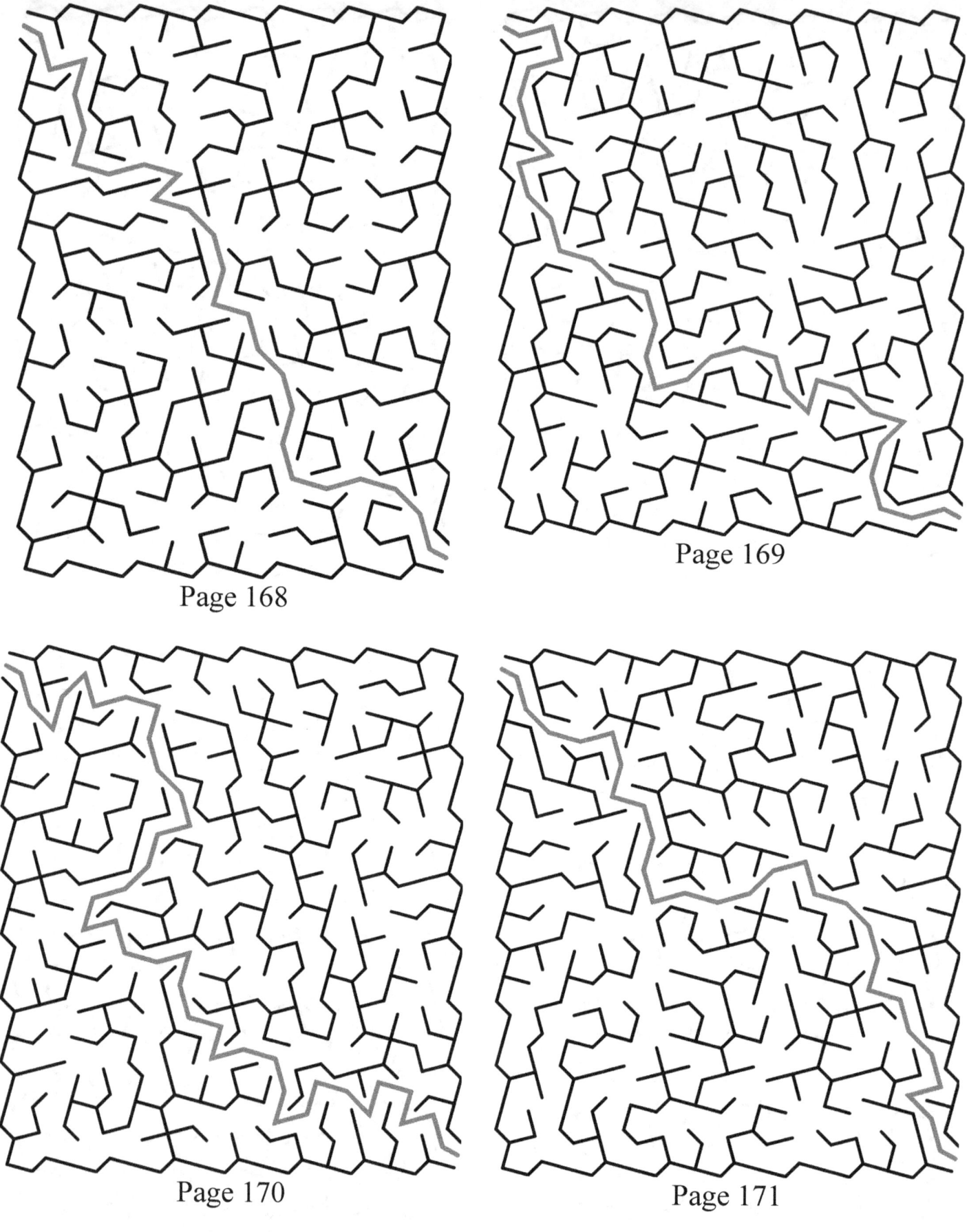

Page 168

Page 169

Page 170

Page 171

Page 172 Page 173

Page 174 Page 175

241 labyrinthes

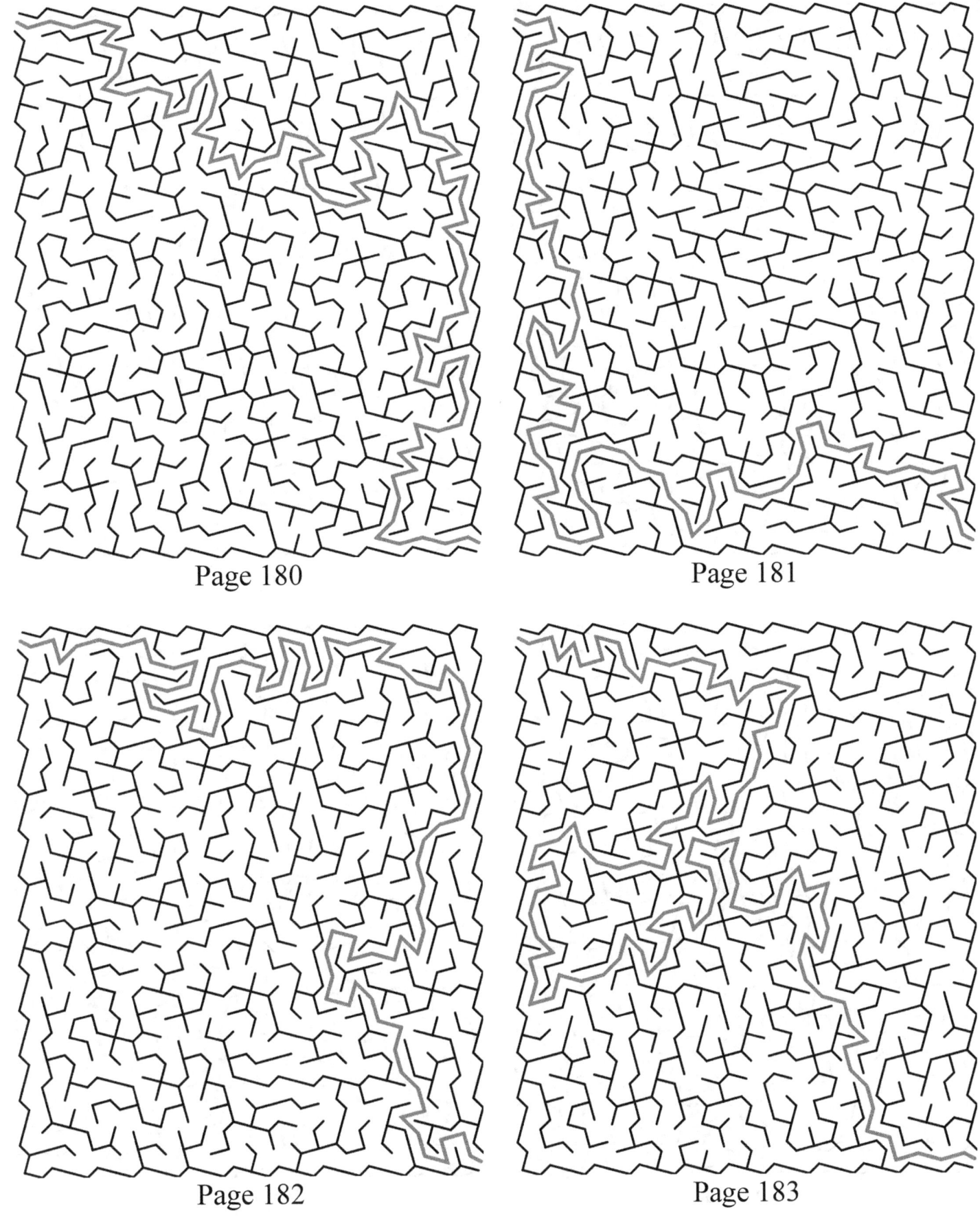

Page 180

Page 181

Page 182

Page 183

Page 184

Page 185

Page 186

Page 187

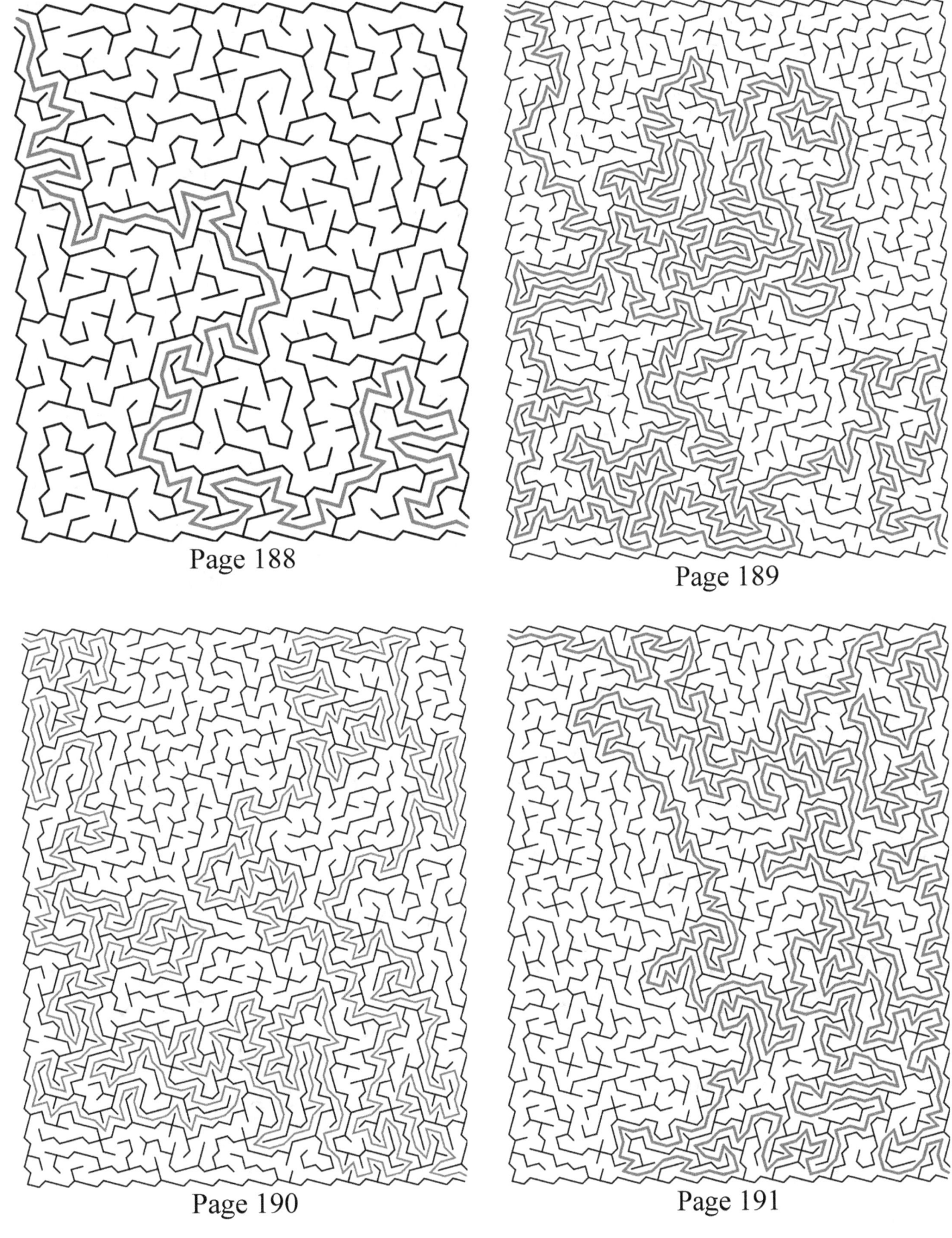

Page 188

Page 189

Page 190

Page 191

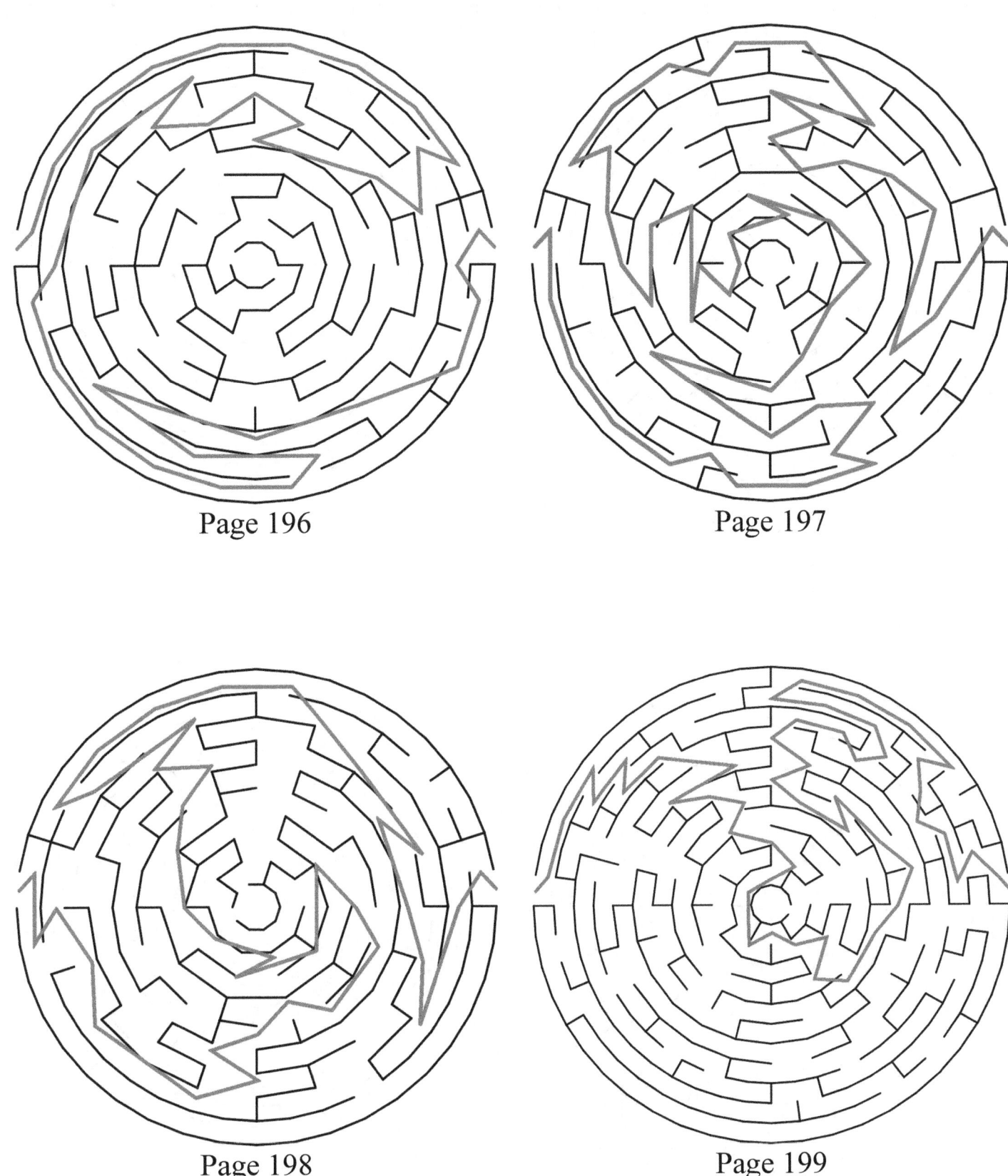

Page 196
Page 197
Page 198
Page 199

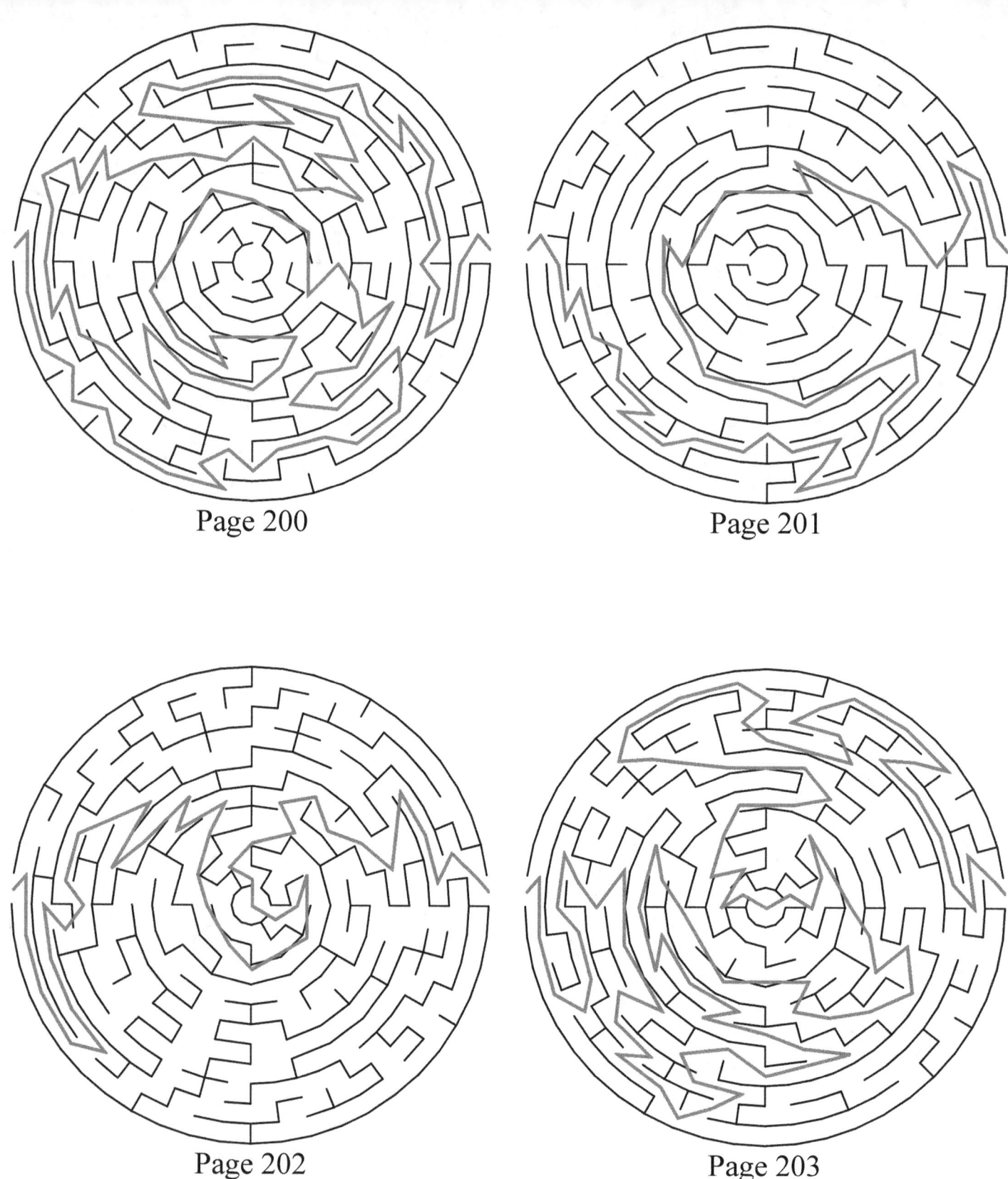

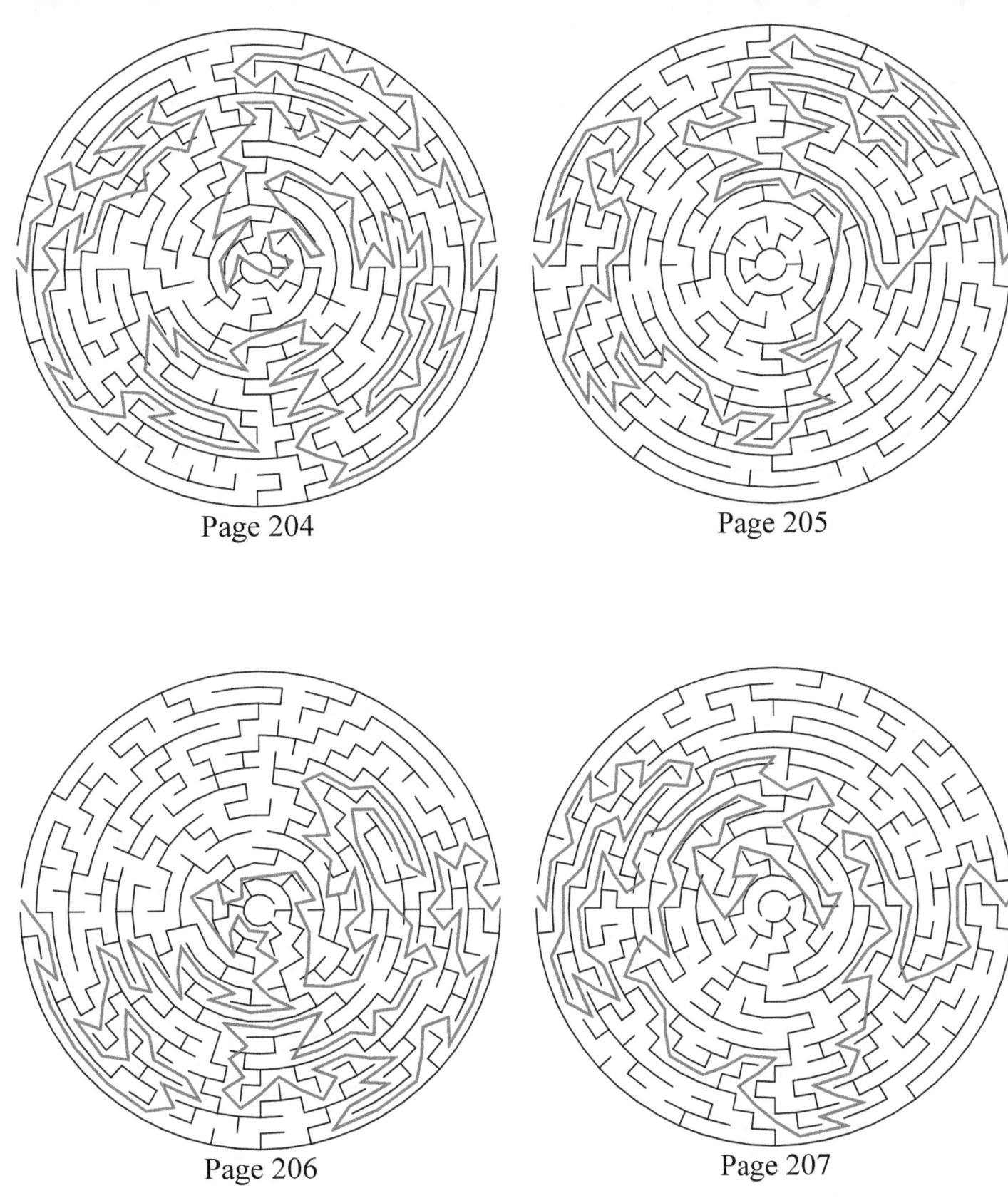

Page 204
Page 205
Page 206
Page 207

241 labyrinthes

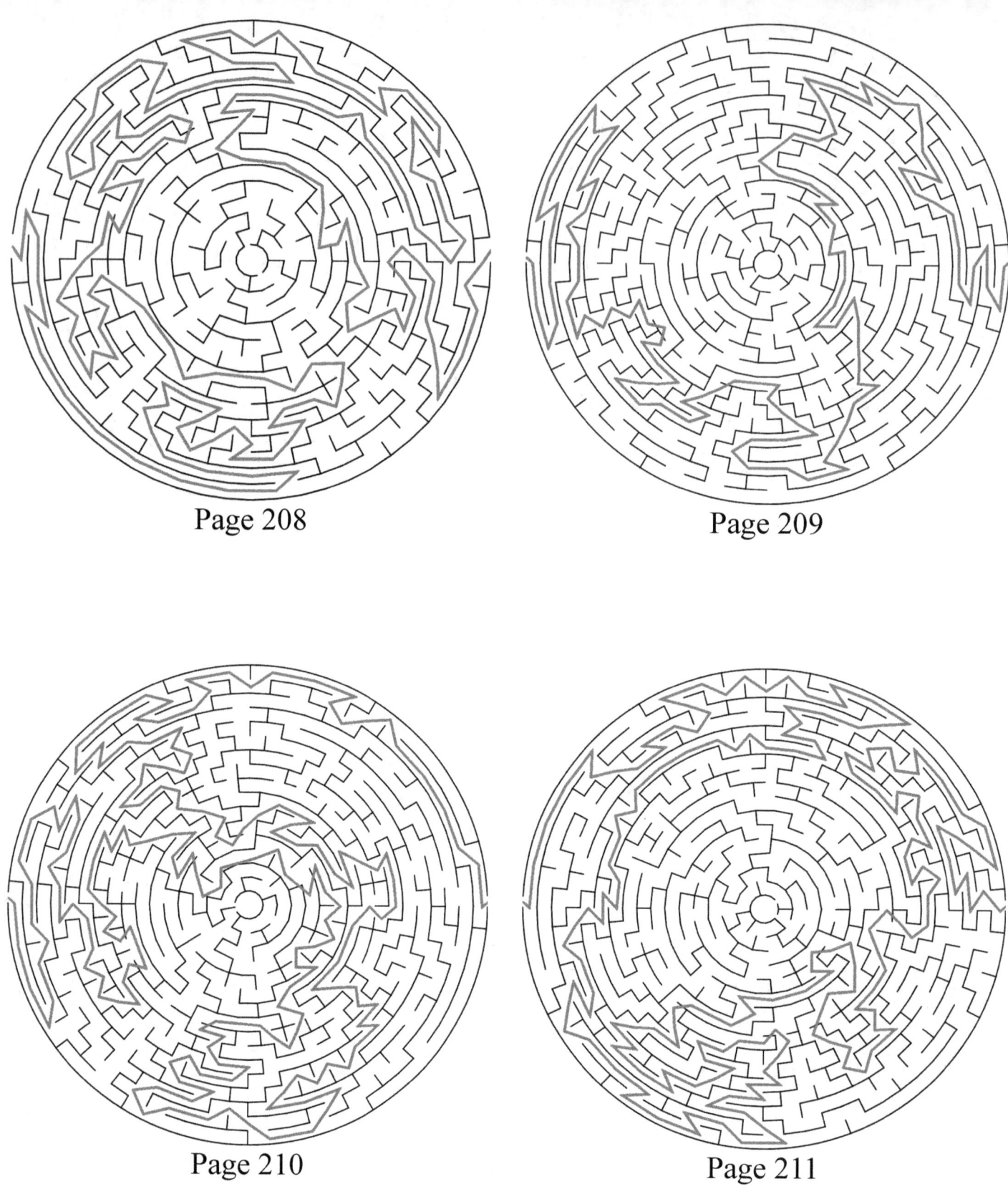

Page 208

Page 209

Page 210

Page 211

Page 212

Page 213

Page 214

Page 215

Page 220

Page 221

Page 222

Page 223

Page 228
Page 229
Page 230
Page 231

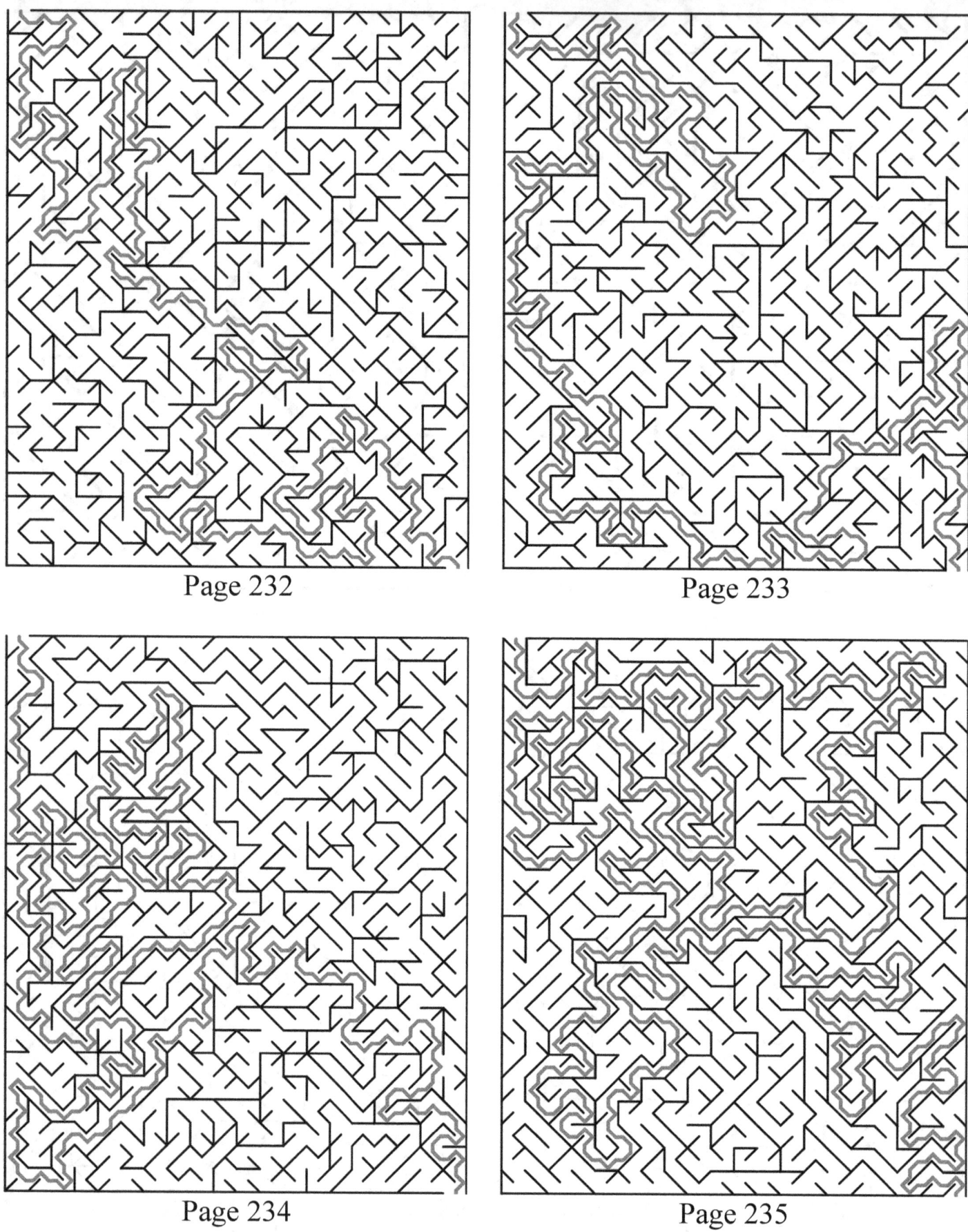

Page 232

Page 233

Page 234

Page 235

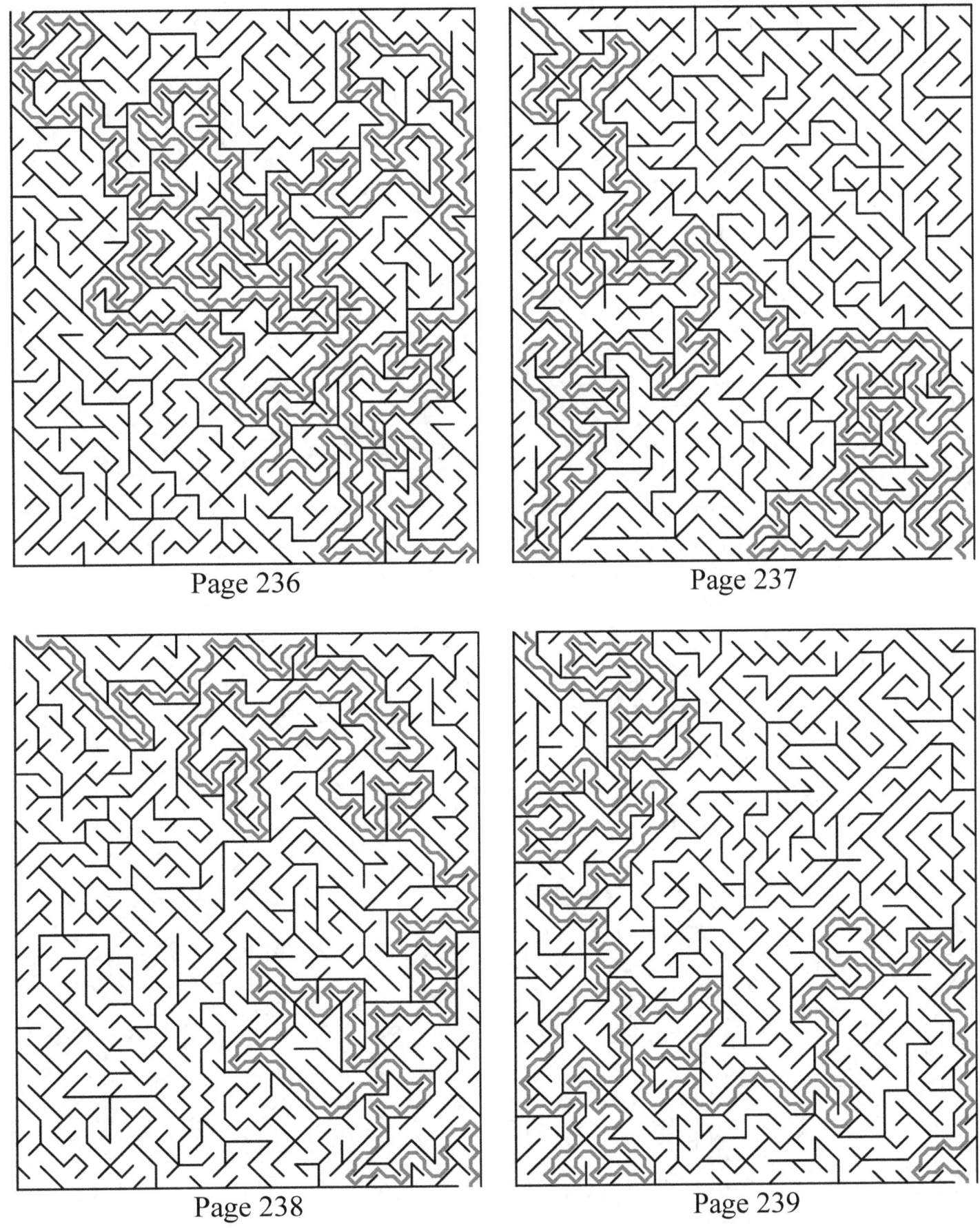

Page 236

Page 237

Page 238

Page 239

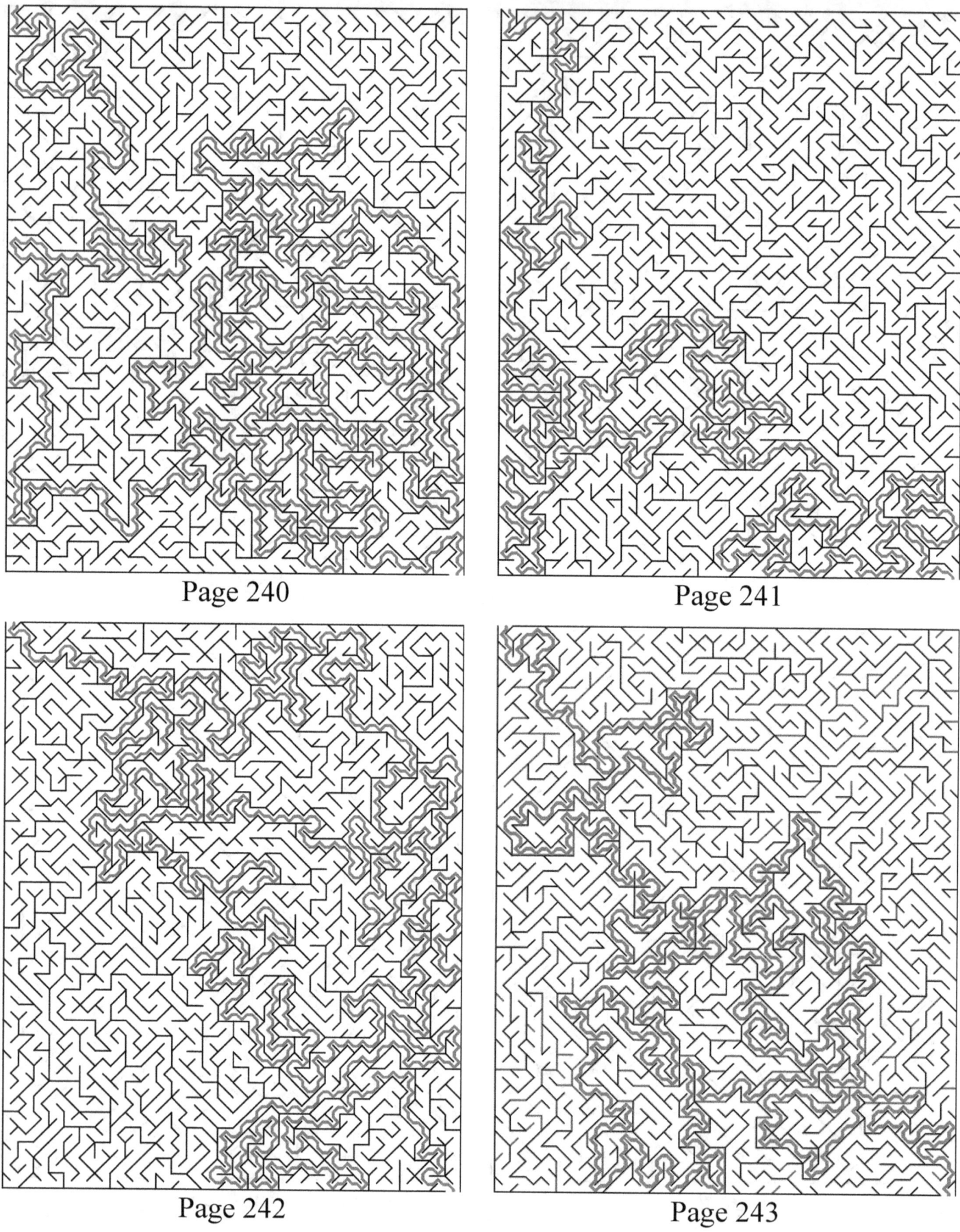

Page 244

Page de titre